中国建筑业统计年鉴

CHINA STATISTICAL YEARBOOK ON CONSTRUCTION

国家统计局固定资产投资统计司 编

Compiled by the Department of Investment and Construction Statistics, National Bureau of Statistics

2024

图书在版编目（CIP）数据

中国建筑业统计年鉴．2024 / 国家统计局固定资产投资统计司编．-- 北京 ： 中国统计出版社， 2024. 12.
ISBN 978-7-5230-0565-1

Ⅰ. F426.9-66

中国国家版本馆 CIP 数据核字第 202448PJ85 号

中国建筑业统计年鉴 2024

作　　者 / 国家统计局固定资产投资统计司
责任编辑 / 郭　栋
执行编辑 / 刘　晨
封面设计 / 李雪燕
版式设计 / 张　冰
出版发行 / 中国统计出版社有限公司
通信地址 / 北京市丰台区西三环南路甲 6 号 邮政编码 /100073
发行电话 / 邮购（010）63376909 书店（010）68783171
网　　址 / http://www.zgtjcbs.com/
印　　刷 / 北京厚诚则铭印刷科技有限公司
经　　销 / 新华书店
开　　本 / 890mm×1240mm 1/16
字　　数 / 315 千字
印　　张 / 13.25
版　　别 / 2024 年 12 月第 1 版
版　　次 / 2024 年 12 月第 1 次印刷
定　　价 / 160.00 元

如有印装差错，由本社发行部调换。

《中国建筑业统计年鉴 2024》

说　明

《中国建筑业统计年鉴 2024》收集了 2023 年度建筑业统计数据，是一部全面反映中国建筑业概况和发展情况的权威资料。

《中国建筑业统计年鉴 2024》资料根据国家统计局建筑业统计报表制度整理，2023 年全国建筑业统计报表基层数据统计范围是具有总承包或专业承包建筑业企业资质等级的建筑业企业。

本年鉴资料分为五个部分：一、综合；二、按登记注册统计类别分组的建筑业企业；三、中央和地方建筑业企业；四、按资质等级分组的建筑业企业；五、各行业建筑业企业。在各分组中分别设置了反映建筑业总产值、各种用途的房屋建筑竣工面积、技术装备、实收资本、资产和负债、利润和税金等方面情况的表式。

使用本年鉴资料时请注意以下几点：

1. 本年鉴所涉及的全国性统计数据，均未包括香港、澳门特别行政区和台湾省数据。

2. 本年鉴资料各项相加不等于总计均由于四舍五入的缘故。

3. 本年鉴资料各表中的“空格”表示该项统计指标数据不是本表最小单位数、数据不详或无该项数据。

4. 本年鉴资料由国家统计局固定资产投资统计司编印并负责解释。

咨询电话：010-68783393

由于编辑时间比较仓促，本书难免存在一些不妥之处，欢迎广大读者批评指正。

目　录

一、综　合

1-1　历年建筑业企业概况 …… 3
1-2　按登记注册统计类别划分的建筑业企业主要经济指标 …… 4
1-3　建筑业企业主要经济指标完成情况 …… 5
1-4　各地区建筑业企业签订合同情况 …… 6
1-5　各地区建筑业企业承包工程完成情况 …… 7
1-6　各地区建筑业总产值和竣工产值 …… 8
1-7　各地区建筑业企业房屋建筑面积 …… 10
1-8　各地区按主要用途分的建筑业企业房屋竣工面积 …… 11
1-9　各地区按主要用途分的建筑业企业房屋竣工价值 …… 13
1-10　各地区建筑业企业施工机械设备情况 …… 15
1-11　各地区建筑业企业主要生产效益指标 …… 16
1-12　各地区建筑业企业资产构成 …… 17
1-13　各地区建筑业企业固定资产情况 …… 18
1-14　各地区建筑业企业负债及所有者权益 …… 19
1-15　各地区建筑业企业收入情况 …… 20
1-16　各地区建筑业企业费用情况 …… 21
1-17　各地区建筑业企业利润及税金情况 …… 22
1-18　各地区建筑业企业应收工程款及企业亏损情况 …… 23
1-19　各地区建筑业企业主要经济效益指标 …… 24

二、按登记注册统计类别分组的建筑业企业

2-1　各地区内资建筑业企业签订合同情况 …… 27
2-2　各地区内资建筑业企业承包工程完成情况 …… 28
2-3　各地区内资企业建筑业总产值和竣工产值 …… 29
2-4　各地区内资建筑业企业房屋建筑面积 …… 30
2-5　各地区按主要用途分的内资建筑业企业房屋竣工面积 …… 31

2-6 各地区按主要用途分的内资建筑业企业房屋竣工价值 …… 33
2-7 各地区内资建筑业企业主要生产效益指标 …… 35
2-8 各地区内资建筑业企业资产构成 …… 36
2-9 各地区内资建筑业企业固定资产情况 …… 37
2-10 各地区内资建筑业企业负债及所有者权益 …… 38
2-11 各地区内资建筑业企业收入情况 …… 39
2-12 各地区内资建筑业企业费用情况 …… 40
2-13 各地区内资建筑业企业利润及税金情况 …… 41
2-14 各地区内资建筑业企业应收工程款及企业亏损情况 …… 42
2-15 各地区内资建筑业企业主要经济效益指标 …… 43
2-16 各地区港澳台商投资建筑业企业签订合同情况 …… 44
2-17 各地区港澳台商投资建筑业企业承包工程完成情况 …… 45
2-18 各地区港澳台商投资企业建筑业总产值和竣工产值 …… 46
2-19 各地区港澳台商投资建筑业企业房屋建筑面积 …… 47
2-20 各地区按主要用途分的港澳台商投资建筑业企业房屋竣工面积 …… 48
2-21 各地区按主要用途分的港澳台商投资建筑业企业房屋竣工价值 …… 50
2-22 各地区港澳台商投资建筑业企业主要生产效益指标 …… 52
2-23 各地区港澳台商投资建筑业企业资产构成 …… 53
2-24 各地区港澳台商投资建筑业企业固定资产情况 …… 54
2-25 各地区港澳台商投资建筑业企业负债及所有者权益 …… 55
2-26 各地区港澳台商投资建筑业企业收入情况 …… 56
2-27 各地区港澳台商投资建筑业企业费用情况 …… 57
2-28 各地区港澳台商投资建筑业企业利润及税金情况 …… 58
2-29 各地区港澳台商投资建筑业企业应收工程款及企业亏损情况 …… 59
2-30 各地区港澳台商投资建筑业企业主要经济效益指标 …… 60
2-31 各地区外商投资建筑业企业签订合同情况 …… 61
2-32 各地区外商投资建筑业企业承包工程完成情况 …… 62
2-33 各地区外商投资企业建筑业总产值和竣工产值 …… 63
2-34 各地区外商投资建筑业企业房屋建筑面积 …… 64
2-35 各地区按主要用途分的外商投资建筑业企业房屋竣工面积 …… 65
2-36 各地区按主要用途分的外商投资建筑业企业房屋竣工价值 …… 67
2-37 各地区外商投资建筑业企业主要生产效益指标 …… 69
2-38 各地区外商投资建筑业企业资产构成 …… 70
2-39 各地区外商投资建筑业企业固定资产情况 …… 71
2-40 各地区外商投资建筑业企业负债及所有者权益 …… 72
2-41 各地区外商投资建筑业企业收入情况 …… 73
2-42 各地区外商投资建筑业企业费用情况 …… 74

2-43 各地区外商投资建筑业企业利润及税金情况 …… 75
2-44 各地区外商投资建筑业企业应收工程款及企业亏损情况 …… 76
2-45 各地区外商投资建筑业企业主要经济效益指标 …… 77

三、中央和地方建筑业企业

3-1 各地区中央建筑业企业签订合同情况 …… 81
3-2 各地区中央建筑业企业承包工程完成情况 …… 82
3-3 各地区中央企业建筑业总产值和竣工产值 …… 83
3-4 各地区中央建筑业企业房屋建筑面积 …… 84
3-5 各地区按主要用途分的中央建筑业企业房屋竣工面积 …… 85
3-6 各地区按主要用途分的中央建筑业企业房屋竣工价值 …… 87
3-7 各地区中央建筑业企业主要生产效益指标 …… 89
3-8 各地区中央建筑业企业资产构成 …… 90
3-9 各地区中央建筑业企业固定资产情况 …… 91
3-10 各地区中央建筑业企业负债及所有者权益 …… 92
3-11 各地区中央建筑业企业收入情况 …… 93
3-12 各地区中央建筑业企业费用情况 …… 94
3-13 各地区中央建筑业企业利润及税金情况 …… 95
3-14 各地区中央建筑业企业应收工程款及企业亏损情况 …… 96
3-15 各地区中央建筑业企业主要经济效益指标 …… 97
3-16 各地区地方建筑业企业签订合同情况 …… 98
3-17 各地区地方建筑业企业承包工程完成情况 …… 99
3-18 各地区地方企业建筑业总产值和竣工产值 …… 100
3-19 各地区地方建筑业企业房屋建筑面积 …… 101
3-20 各地区按主要用途分的地方建筑业企业房屋竣工面积 …… 102
3-21 各地区按主要用途分的地方建筑业企业房屋竣工价值 …… 104
3-22 各地区地方建筑业企业主要生产效益指标 …… 106
3-23 各地区地方建筑业企业资产构成 …… 107
3-24 各地区地方建筑业企业固定资产情况 …… 108
3-25 各地区地方建筑业企业负债及所有者权益 …… 109
3-26 各地区地方建筑业企业收入情况 …… 110
3-27 各地区地方建筑业企业费用情况 …… 111
3-28 各地区地方建筑业企业利润及税金情况 …… 112
3-29 各地区地方建筑业企业应收工程款及企业亏损情况 …… 113
3-30 各地区地方建筑业企业主要经济效益指标 …… 114

四、按资质等级分组的建筑业企业

4-1 各地区总承包建筑业企业签订合同情况 …… 117
4-2 各地区总承包建筑业企业承包工程完成情况 …… 118
4-3 各地区总承包企业建筑业总产值和竣工产值 …… 119
4-4 各地区总承包建筑业企业房屋建筑面积 …… 120
4-5 各地区按主要用途分的总承包建筑业企业房屋竣工面积 …… 121
4-6 各地区按主要用途分的总承包建筑业企业房屋竣工价值 …… 123
4-7 各地区总承包建筑业企业主要生产效益指标 …… 125
4-8 各地区总承包建筑业企业资产构成 …… 126
4-9 各地区总承包建筑业企业固定资产情况 …… 127
4-10 各地区总承包建筑业企业负债及所有者权益 …… 128
4-11 各地区总承包建筑业企业收入情况 …… 129
4-12 各地区总承包建筑业企业费用情况 …… 130
4-13 各地区总承包建筑业企业利润及税金情况 …… 131
4-14 各地区总承包建筑业企业应收工程款及企业亏损情况 …… 132
4-15 各地区总承包建筑业企业主要经济效益指标 …… 133
4-16 各地区按资质等级划分的总承包建筑业企业单位数 …… 134
4-17 各地区按资质等级划分的总承包企业建筑业总产值 …… 135
4-18 各地区按资质等级划分的总承包建筑业企业签订合同额 …… 136
4-19 各地区按资质等级划分的总承包建筑业企业竣工产值 …… 137
4-20 各地区按资质等级划分的总承包建筑业企业房屋施工面积 …… 138
4-21 各地区按资质等级划分的总承包建筑业企业房屋竣工面积 …… 139
4-22 各地区按资质等级划分的总承包建筑业企业实收资本 …… 140
4-23 各地区按资质等级划分的总承包建筑业企业资产 …… 141
4-24 各地区按资质等级划分的总承包建筑业企业所有者权益 …… 142
4-25 各地区按资质等级划分的总承包建筑业企业负债 …… 143
4-26 各地区按资质等级划分的总承包建筑业企业营业收入 …… 144
4-27 各地区按资质等级划分的总承包建筑业企业利税总额 …… 145
4-28 各地区按资质等级划分的总承包建筑业企业利润总额 …… 146
4-29 各地区按资质等级划分的总承包建筑业企业税金总额 …… 147
4-30 各地区按资质等级划分的总承包建筑业企业主营业务收入 …… 148
4-31 各地区按资质等级划分的总承包建筑业企业管理费用 …… 149
4-32 各地区按资质等级划分的总承包建筑业企业财务费用 …… 150
4-33 各地区按资质等级划分的总承包建筑业企业应收工程款 …… 151
4-34 各地区专业承包建筑业企业签订合同情况 …… 152
4-35 各地区专业承包建筑业企业承包工程完成情况 …… 153

4-36 各地区专业承包企业建筑业总产值和竣工产值 …… 154
4-37 各地区专业承包建筑业企业房屋建筑面积 …… 155
4-38 各地区按主要用途分的专业承包建筑业企业房屋竣工面积 …… 156
4-39 各地区按主要用途分的专业承包建筑业企业房屋竣工价值 …… 158
4-40 各地区专业承包建筑业企业主要生产效益指标 …… 160
4-41 各地区专业承包建筑业企业资产构成 …… 161
4-42 各地区专业承包建筑业企业固定资产情况 …… 162
4-43 各地区专业承包建筑业企业负债及所有者权益 …… 163
4-44 各地区专业承包建筑业企业收入情况 …… 164
4-45 各地区专业承包建筑业企业费用情况 …… 165
4-46 各地区专业承包建筑业企业利润及税金情况 …… 166
4-47 各地区专业承包建筑业企业应收工程款及企业亏损情况 …… 167
4-48 各地区专业承包建筑业企业主要经济效益指标 …… 168
4-49 各地区按资质等级划分的专业承包建筑业企业单位数 …… 169
4-50 各地区按资质等级划分的专业承包企业建筑业总产值 …… 170
4-51 各地区按资质等级划分的专业承包建筑业企业签订合同额 …… 171
4-52 各地区按资质等级划分的专业承包建筑业企业竣工产值 …… 172
4-53 各地区按资质等级划分的专业承包建筑业企业房屋施工面积 …… 173
4-54 各地区按资质等级划分的专业承包建筑业企业房屋竣工面积 …… 174
4-55 各地区按资质等级划分的专业承包建筑业企业实收资本 …… 175
4-56 各地区按资质等级划分的专业承包建筑业企业资产 …… 176
4-57 各地区按资质等级划分的专业承包建筑业企业所有者权益 …… 177
4-58 各地区按资质等级划分的专业承包建筑业企业负债 …… 178
4-59 各地区按资质等级划分的专业承包建筑业企业营业收入 …… 179
4-60 各地区按资质等级划分的专业承包建筑业企业利税总额 …… 180
4-61 各地区按资质等级划分的专业承包建筑业企业利润总额 …… 181
4-62 各地区按资质等级划分的专业承包建筑业企业税金总额 …… 182
4-63 各地区按资质等级划分的专业承包建筑业企业主营业务收入 …… 183
4-64 各地区按资质等级划分的专业承包建筑业企业管理费用 …… 184
4-65 各地区按资质等级划分的专业承包建筑业企业财务费用 …… 185
4-66 各地区按资质等级划分的专业承包建筑业企业应收工程款 …… 186

五、各行业建筑业企业

5-1 各行业建筑业企业签订合同情况 …… 189
5-2 各行业建筑业企业承包工程完成情况 …… 189
5-3 各行业建筑业总产值和竣工产值 …… 190

5-4 各行业建筑业企业房屋建筑面积 …… 191
5-5 按主要用途分的各行业建筑业企业房屋竣工面积 …… 191
5-6 按主要用途分的各行业建筑业企业房屋竣工价值 …… 192
5-7 各行业建筑业企业主要生产效益指标 …… 193
5-8 各行业建筑业企业资产构成 …… 194
5-9 各行业建筑业企业固定资产情况 …… 194
5-10 各行业建筑业企业负债及所有者权益 …… 195
5-11 各行业建筑业企业收入情况 …… 195
5-12 各行业建筑业企业费用情况 …… 196
5-13 各行业建筑业企业利润及税金情况 …… 196
5-14 各行业总承包和专业承包企业应收工程款及企业亏损情况 …… 197
5-15 各行业总承包和专业承包企业主要经济效益指标 …… 197

一、综　合

1-1　历年建筑业企业概况

年　份	总　计	内资企业	港澳台投资企业	外商投资企业
企业单位数(个)				
2000	47518	46564	635	319
2005	58750	57846	516	388
2010	71863	71116	416	331
2011	72280	71584	393	303
2012	75280	74600	385	295
2013	78919	78257	390	272
2014	81141	80511	369	261
2015	80911	80319	343	249
2016	83017	82469	326	222
2017	88074	87522	334	218
2018	96544	96075	266	203
2019	103805	103370	245	190
2020	116722	116304	235	183
2021	128743	128327	227	189
2022	142906	142475	230	201
2023	159140	158707	262	171
建筑业总产值(亿元)				
2000	12498	12331	99	67
2005	34552	34131	173	249
2010	96031	95147	444	440
2011	116463	115192	613	658
2012	137218	136091	650	477
2013	160366	159136	622	608
2014	176713	175409	662	643
2015	180757	179458	693	606
2016	193567	192358	684	525
2017	213944	212597	799	547
2018	225817	224434	744	639
2019	244817	243472	751	594
2020	256553	254379	1211	962
2021	281239	278984	1296	959
2022	298675	296337	1456	883
2023	314394	312217	1456	721

注：1.本表1996年至2001年数据为资质等级(旧资质)四级及四级以上建筑业企业数据，2002年及以后数据为所有具有施工总承包、专业承包资质等级的建筑业企业数据。不同口径数据不可比，以下各表同。
2.本表登记注册统计类别按《关于市场主体统计分类的划分规定》(国统字【2023】14号)执行。
3.本表对2019—2022年建筑业总产值等相关指标数据进行了修订，主要原因是：(一)加强统计执法，对统计执法检查中发现的问题数据，按照相关规定进行了改正。(二)加强数据质量管理，剔除主营业务为非建筑业企业在库数据。

1-2 按登记注册统计类别划分的建筑业企业主要经济指标

指　　标		合计	内资企业	港澳台投资企业	外商投资企　业
企业个数	(个)	159140	158707	262	171
自有固定资产原价	(亿元)	24848	24664	77	107
自有施工机械设备总台数	(万台)	523	521	1	1
自有施工机械设备净值	(亿元)	3692	3686	4	2
自有施工机械设备总功率	(万千瓦)	14845	14812	26	7
建筑业总产值	(亿元)	314394	312217	1456	721
房屋施工面积	(万平方米)	1530925	1515914	12634	2377
房屋竣工面积	(万平方米)	393401	390126	2466	809
利润总额	(亿元)	8902	8793	62	47
税金总额	(亿元)	7019	6973	30	16
按总产值计算劳动生产率	(元/人)	475594	474966	576748	608399
技术装备率	(元/人)	7320	7339	2773	2705
动力装备率	(千瓦/人)	2.9	2.9	1.8	1.0
房屋竣工率	(%)	25.7	25.7	19.5	34.0
产值利润率	(%)	2.8	2.8	4.3	6.5
产值利税率	(%)	5.1	5.0	6.3	8.7

1-3　建筑业企业主要经济指标完成情况

指　标	计量单位	2023年	2022年	2023年比2022年增减(%)
建筑业企业个数	个	159140	142906	11.4
从事建筑业活动的平均人数	万人	6611	6174	7.1
签订合同额	亿元	728792	705126	3.4
#本年新签合同额	亿元	356349	359312	-0.8
建筑业总产值	亿元	314394	298675	5.3
建筑工程产值	亿元	278726	264550	5.4
安装工程产值	亿元	26455	24865	6.4
其他产值	亿元	9213	9260	-0.5
竣工产值	亿元	141290	132514	6.6
房屋施工面积	万平方米	1530925	1536111	-0.3
房屋竣工面积	万平方米	393401	396363	-0.7
年末自有施工机械设备净值	亿元	3692	3657	1.0
年末自有施工机械设备总功率	万千瓦	14845	16709	-11.2
实收资本	亿元	43326	46657	-7.1
资产总计	亿元	381741	346360	10.2
负债合计	亿元	278605	249813	11.5
营业收入	亿元	284235	271208	4.8
利润总额	亿元	8902	8312	7.1
税金总额	亿元	7019	6957	0.9
按建筑业总产值计算的劳动生产率	元/人	475594	483788	
房屋竣工率	%	25.7	25.8	
资产负债率	%	73.0	72.1	
产值利润率	%	2.8	2.8	

1-4 各地区建筑业企业签订合同情况

单位：万元

地 区	签订合同额		
		上年结转合同额	本年新签合同额
全国总计	**7287919324**	**3724428011**	**3563491314**
北 京	501539885	304763886	196775998
天 津	175481285	89150044	86331241
河 北	175218099	91020795	84197305
山 西	138419448	62195788	76223660
内蒙古	40167954	20191787	19976167
辽 宁	86248845	36197214	50051631
吉 林	45595898	22144471	23451428
黑龙江	33932543	17336187	16596356
上 海	385477214	232073191	153404023
江 苏	641820444	266379594	375440850
浙 江	477681953	248497146	229184807
安 徽	271340323	123427841	147912481
福 建	313339965	146872024	166467941
江 西	185332487	78699693	106632794
山 东	407200077	187861500	219338577
河 南	268176939	137942264	130234675
湖 北	566074549	294565453	271509096
湖 南	320550336	159700306	160850030
广 东	757962233	438234579	319727654
广 西	121041528	72504648	48536880
海 南	15826567	8944857	6881710
重 庆	173048589	80378183	92670406
四 川	458931769	247166314	211765455
贵 州	133944807	83798302	50146505
云 南	152928729	72316688	80612041
西 藏	4810568	2772132	2038436
陕 西	263327241	114748394	148578847
甘 肃	60715751	28305360	32410391
青 海	22976985	11677423	11299562
宁 夏	13426175	5570137	7856038
新 疆	75380138	38991809	36388330

1-5　各地区建筑业企业承包工程完成情况

单位：万元

地　区	直接从建设单位承揽工程完成的产值	自行完成施工产值	分包出去工程的产值	从建设单位以外承揽工程完成的产值
全国总计	**3007619739**	**2865061632**	**142558107**	**278873679**
北　京	147547131	118068486	29478645	25116273
天　津	52960657	45391898	7568759	5643841
河　北	70394862	69229011	1165851	3361159
山　西	58188783	57268424	920359	4327916
内蒙古	15224405	14675776	548629	316814
辽　宁	40397860	39590102	807758	3788454
吉　林	19652577	19479553	173024	2711856
黑龙江	14437054	14306862	130192	265016
上　海	110182001	84351329	25830672	16481694
江　苏	387472539	385214294	2258245	37298208
浙　江	229982140	224750062	5232078	19807903
安　徽	109402054	107455465	1946589	16587301
福　建	162400688	161928504	472184	12026110
江　西	103729944	102384435	1345508	5636018
山　东	188844739	174412588	14432151	13406348
河　南	111329641	110283722	1045919	4648284
湖　北	198464407	195717649	2746758	12070192
湖　南	145362372	144292590	1069782	7299147
广　东	254612873	222445070	32167803	31546982
广　西	53005290	51003187	2002102	5890345
海　南	5122138	4703492	418646	222236
重　庆	86722394	84992538	1729856	10368932
四　川	166696679	160258486	6438193	12466876
贵　州	38270767	38180957	89809	1248321
云　南	69753702	69438374	315328	9401060
西　藏	2497813	2416512	81302	93327
陕　西	88746545	88048679	697867	15104901
甘　肃	26584491	26332010	252481	642777
青　海	6380041	6125342	254699	132492
宁　夏	7819904	7302187	517717	136366
新　疆	35433250	35014048	419202	826532

1-6 各地区建筑业总产值和竣工产值

单位：万元

地 区	建筑业总产值	#装饰装修产值	#在外省完成的产值
全国总计	**3143935311**	**134711395**	**1052237054**
北 京	143184759	12847239	103475817
天 津	51035739	814562	34947811
河 北	72590170	1972312	24502141
山 西	61596340	1414513	21996845
内 蒙 古	14992590	277730	4280613
辽 宁	43378557	1222071	15010156
吉 林	22191409	699189	4123916
黑 龙 江	14571878	212465	1829444
上 海	100833022	9156705	55671366
江 苏	422512502	22428784	171868162
浙 江	244557965	17473187	54620780
安 徽	124042767	3097191	32010010
福 建	173954614	4579505	77255814
江 西	108020454	4076041	29012590
山 东	187818935	8907151	45053678
河 南	114932006	3320691	34871795
湖 北	207787842	6781434	84860417
湖 南	151591737	3628455	49476899
广 东	253992051	17678906	57247952
广 西	56893532	1105172	11164167
海 南	4925728	233347	305427
重 庆	95361470	3483649	26984620
四 川	172725363	4266957	38225397
贵 州	39429279	526574	14487524
云 南	78839434	954997	6392209
西 藏	2509839	35153	62155
陕 西	103153580	2626674	40789138
甘 肃	26974787	419582	3479413
青 海	6257834	59995	2431440
宁 夏	7438553	42755	1275834
新 疆	35840580	368411	4523527

1-6　续表　　单位：万元

地　区	按构成分组			竣工产值
	建筑工程产值	安装工程产值	其他产值	
全国总计	**2787259803**	**264549353**	**92126156**	**1412901932**
北　京	134405539	7526451	1252769	74915851
天　津	45533568	3942921	1559250	16463696
河　北	61228651	9728822	1632696	26588551
山　西	54789361	5495748	1311231	18279062
内蒙古	13622526	824423	545641	5858961
辽　宁	35928208	5521655	1928694	14739992
吉　林	18754092	2444301	993016	9959180
黑龙江	11853378	1745344	973157	4975863
上　海	87067380	11164026	2601616	51544811
江　苏	390821491	29102297	2588714	288218686
浙　江	217058970	21731473	5767522	143369282
安　徽	106157667	9385324	8499776	46987610
福　建	160836229	10177164	2941221	71155175
江　西	94615394	7469487	5935573	39715935
山　东	157661754	25310075	4847106	71802023
河　南	98554928	12184869	4192209	45933589
湖　北	184951661	17567255	5268926	83798911
湖　南	130135165	13806559	7650014	83558940
广　东	225931247	21860027	6200778	84772587
广　西	50224016	3608232	3061283	21486024
海　南	4292527	404313	228887	2542401
重　庆	84952604	6699766	3709100	39103115
四　川	152520577	12941360	7263425	67434971
贵　州	33325422	4324477	1779380	8835062
云　南	70084968	5364609	3389857	26419193
西　藏	2195436	188747	125656	1206500
陕　西	91547833	7977840	3627906	32891247
甘　肃	23355849	2623388	995550	8919903
青　海	5559289	497892	200652	2607166
宁　夏	6568822	722418	147312	3105037
新　疆	32725249	2208089	907241	15712607

1-7 各地区建筑业企业房屋建筑面积

地 区	房屋施工面积(万平方米)	#本年新开工	房屋竣工面积(万平方米)	房屋竣工率(%)
全国总计	**1530925**	**408330**	**393401**	**25.7**
北 京	88153	15655	13824	15.7
天 津	17885	3789	3540	19.8
河 北	34047	8194	7923	23.3
山 西	22404	5610	4229	18.9
内蒙古	6871	1177	1336	19.4
辽 宁	11759	2962	3545	30.1
吉 林	6198	1677	2133	34.4
黑龙江	3605	1178	1185	32.9
上 海	55422	10143	9788	17.7
江 苏	259218	73559	73100	28.2
浙 江	168024	45580	46600	27.7
安 徽	59858	21946	16165	27.0
福 建	99067	23101	20001	20.2
江 西	37076	14677	12938	34.9
山 东	97992	30454	23384	23.9
河 南	61393	10807	13419	21.9
湖 北	80349	22937	26976	33.6
湖 南	76672	23487	25599	33.4
广 东	117915	30613	27199	23.1
广 西	27563	5157	5951	21.6
海 南	2123	500	521	24.5
重 庆	31601	9065	11840	37.5
四 川	65040	19296	18710	28.8
贵 州	14416	2971	2525	17.5
云 南	16797	5918	5660	33.7
西 藏	367	137	223	60.9
陕 西	39663	9098	7785	19.6
甘 肃	11417	2718	2191	19.2
青 海	877	265	241	27.4
宁 夏	1717	646	585	34.1
新 疆	15438	5012	4287	27.8

1-8　各地区按主要用途分的建筑业企业房屋竣工面积

单位：万平方米

地　区	总计	住宅房屋	商业及服务用房屋	办公用房　屋	科研、教育和医疗用房屋
全国总计	**393401**	**237623**	**26694**	**13965**	**19915**
北　京	13824	8325	1558	626	1119
天　津	3540	2615	114	71	161
河　北	7923	5246	491	195	429
山　西	4229	2825	201	77	417
内蒙古	1336	954	60	27	58
辽　宁	3545	2576	151	48	72
吉　林	2133	1310	89	73	113
黑龙江	1185	748	66	12	29
上　海	9788	4761	1050	398	653
江　苏	73100	47742	2358	2619	2432
浙　江	46600	23576	3463	1676	1585
安　徽	16165	8968	838	425	624
福　建	20001	13590	1163	704	648
江　西	12938	6965	1218	574	756
山　东	23384	14483	1746	739	1761
河　南	13419	9253	619	403	662
湖　北	26976	15052	3163	1784	1448
湖　南	25599	16850	1666	1062	1569
广　东	27199	14575	1883	853	1444
广　西	5951	3131	394	173	631
海　南	521	301	86	22	68
重　庆	11840	7851	850	205	340
四　川	18710	11668	1586	486	1134
贵　州	2525	1319	170	81	317
云　南	5660	3399	533	200	429
西　藏	223	107	23	4	15
陕　西	7785	5370	546	207	491
甘　肃	2191	1456	116	56	156
青　海	241	99	19	39	19
宁　夏	585	322	26	31	53
新　疆	4287	2184	449	96	283

1-8 续表

单位：万平方米

地　　区	文化、体育和娱乐用房屋	厂房及建筑物	仓　库	其他未列明的房屋建筑物
全国总计	**4537**	**71705**	**3566**	**15396**
北　京	141	1435	29	591
天　津	50	436	11	80
河　北	128	997	40	398
山　西	74	497	22	116
内蒙古	31	111	5	91
辽　宁	20	529	34	116
吉　林	33	353	8	154
黑龙江	5	138	9	177
上　海	247	1729	457	492
江　苏	788	15252	597	1312
浙　江	583	14282	666	768
安　徽	210	3931	104	1064
福　建	136	3450	94	215
江　西	165	2488	124	647
山　东	272	3360	138	886
河　南	169	1527	110	678
湖　北	281	3360	143	1745
湖　南	286	2839	184	1143
广　东	214	7016	234	980
广　西	143	1042	54	384
海　南	6	24	5	10
重　庆	111	1431	42	1011
四　川	139	2688	270	739
贵　州	33	327	51	227
云　南	73	508	49	467
西　藏	3	22	2	46
陕　西	112	752	8	299
甘　肃	38	251	10	109
青　海	4	35	4	22
宁　夏	7	110	4	32
新　疆	34	787	57	397

1-9 各地区按主要用途分的建筑业企业房屋竣工价值

单位：万元

地 区	总计	住宅房屋	商业及服务用房屋	办公用房 屋	科研、教育和医疗用房屋
全国总计	**838881282**	**492937740**	**63413110**	**36484120**	**59454248**
北 京	43341702	23152321	4984563	2488625	4927238
天 津	6577196	4248347	241086	208652	469627
河 北	15085329	9381153	1356183	465381	1059900
山 西	8775168	5063505	463196	194198	1314179
内蒙古	2678583	1766131	137692	73580	220288
辽 宁	6617757	4664898	391656	81207	199960
吉 林	4384088	2419780	222416	212663	358517
黑龙江	1391498	854150	96020	60270	83915
上 海	29058966	12328230	4514100	1418674	2352459
江 苏	179182849	117115640	6336862	7638311	7924973
浙 江	98774244	53941512	7981852	4362557	5186771
安 徽	25970877	14788071	1716049	823306	1405813
福 建	45389424	30846437	2639742	1387578	2077174
江 西	22735316	12780955	1854635	943265	1875956
山 东	45629834	26593614	3768637	1891302	4633012
河 南	20509239	13576923	887217	749308	1354193
湖 北	52906988	26932246	6763455	5127741	3641254
湖 南	47428757	29349632	3495137	2109968	3374938
广 东	54643543	29042209	4183039	2153359	4888009
广 西	13690084	7538711	759314	498447	1929795
海 南	1403276	686045	297794	73455	257589
重 庆	22059455	14361547	1753759	516920	850635
四 川	39451180	23298452	3773751	1139077	3619882
贵 州	5342786	2314464	272825	227297	813005
云 南	12421435	7340366	1321601	473229	1071632
西 藏	491455	270007	44939	14419	41192
陕 西	18292861	10633473	1610218	678410	1978121
甘 肃	4613141	2771803	438197	95783	418382
青 海	517099	203893	68229	41858	53310
宁 夏	1359616	716255	60431	81329	212126
新 疆	8157538	3956970	978519	253754	860402

1-9 续表 单位：万元

地　　区	文化、体育和娱乐用房屋	厂房及建筑物	仓　库	其他未列明的房屋建筑物
全国总计	**14559522**	**133596282**	**6613860**	**31822400**
北　京	947225	4123016	68696	2650018
天　津	260828	899562	59244	189850
河　北	321484	1680240	65996	754991
山　西	272170	1176536	58279	233106
内蒙古	154252	250113	7226	69302
辽　宁	63480	901478	27802	287275
吉　林	105248	815015	3943	246505
黑龙江	13978	181123	15599	86444
上　海	943998	4199172	700607	2601728
江　苏	2722013	32974550	1352465	3118034
浙　江	1831323	22351791	1382970	1735468
安　徽	178433	5987286	139647	932274
福　建	619886	7023428	256919	538261
江　西	406175	3783185	185756	905390
山　东	678104	5892277	229911	1942976
河　南	309199	2324109	122390	1185699
湖　北	858458	5995361	252366	3336107
湖　南	706527	4970596	317652	3104308
广　东	782943	11846036	429357	1318591
广　西	405174	1772424	124171	662048
海　南	9728	41790	18404	18471
重　庆	250165	3129177	63005	1134247
四　川	452622	5128557	296412	1742428
贵　州	71477	667787	143956	831975
云　南	152156	1077801	65818	918834
西　藏	9491	17301	6701	87407
陕　西	778582	2160497	25398	428161
甘　肃	145339	502104	25902	215632
青　海	7135	86403	6994	49278
宁　夏	23668	199012	7540	59256
新　疆	78260	1438558	152736	438338

1-10　各地区建筑业企业施工机械设备情况

地　区	年末自有施工机械设备总台数(台)	年末自有施工机械设备总功率(千瓦)	年末自有施工机械设备净值(万元)
全国总计	**5232523**	**148445357**	**36920143**
北　京	68413	5466571	863227
天　津	57173	2283101	1040052
河　北	210639	5817581	939274
山　西	175027	7228453	1333064
内蒙古	32000	1788413	397356
辽　宁	70792	2582827	453950
吉　林	37703	1005024	308046
黑龙江	57220	1356114	271501
上　海	29406	1563748	756427
江　苏	1241458	32391158	8084297
浙　江	538373	9331650	2312154
安　徽	117157	2438336	628831
福　建	202742	6516040	1517539
江　西	111159	3178972	743277
山　东	428196	8604381	3066192
河　南	320119	9189915	1942365
湖　北	266800	7358498	2182970
湖　南	289554	7957583	1502951
广　东	246955	6859007	2390059
广　西	81311	1306987	293806
海　南	3789	83886	12162
重　庆	88490	3207075	954534
四　川	174552	6986646	1483575
贵　州	27057	1540472	294724
云　南	119983	2578928	732842
西　藏	1553	92704	24318
陕　西	101652	6017714	1362681
甘　肃	70380	1498200	353864
青　海	10402	462005	115172
宁　夏	19327	285210	83105
新　疆	33141	1468158	475829

1-11 各地区建筑业企业主要生产效益指标

地　区	建筑业企业个数(个)	从事建筑业活动的平均人数(人)	按总产值计算的劳动生产率(元/人)	人均竣工产值(元/人)	人均施工面积(平方米/人)	人均竣工面积(平方米/人)
全国总计	**159140**	**66105420**	**475594**	**213735**	**231.6**	**59.5**
北　京	2706	2280288	627924	328537	386.6	60.6
天　津	3379	782017	652617	210529	228.7	45.3
河　北	4118	1338827	542192	198596	254.3	59.2
山　西	3834	1345146	457916	135889	166.6	31.4
内蒙古	1135	305815	490250	191585	224.7	43.7
辽　宁	5962	709015	611814	207894	165.8	50.0
吉　林	2664	445416	498218	223593	139.1	47.9
黑龙江	2097	384190	379288	129516	93.8	30.8
上　海	2460	1480208	681208	348227	374.4	66.1
江　苏	14815	10532097	401167	273657	246.1	69.4
浙　江	10827	5853867	417772	244914	287.0	79.6
安　徽	9009	2540556	488250	184950	235.6	63.6
福　建	9281	5257745	330854	135334	188.4	38.0
江　西	6910	2148012	502886	184896	172.6	60.2
山　东	12570	3589251	523282	200047	273.0	65.2
河　南	10042	2770417	414855	165800	221.6	48.4
湖　北	6945	2946451	705214	284406	272.7	91.6
湖　南	4213	3115481	486576	268206	246.1	82.2
广　东	11576	4384000	579361	193368	269.0	62.0
广　西	2869	1197773	474994	179383	230.1	49.7
海　南	390	83804	587768	303375	253.4	62.1
重　庆	3924	2177159	438009	179606	145.1	54.4
四　川	9372	4219023	409397	159836	154.2	44.3
贵　州	2356	817786	482147	108036	176.3	30.9
云　南	4616	1674643	470784	157760	100.3	33.8
西　藏	525	48390	518669	249328	75.7	46.1
陕　西	4334	2036037	506639	161545	194.8	38.2
甘　肃	2760	537391	501958	165985	212.5	40.8
青　海	625	111257	562467	234337	78.9	21.6
宁　夏	772	200099	371744	155175	85.8	29.2
新　疆	2054	793259	451814	198077	194.6	54.0

1-12　各地区建筑业企业资产构成

单位：万元

地　区	资产总计	流动资产合计	#存货
全国总计	**3817408224**	**2980936341**	**321207478**
北　京	351376758	220227746	7484589
天　津	96088473	75150327	4051131
河　北	95140699	79344617	12903100
山　西	107475468	80278315	8139807
内蒙古	25183479	20211125	2546414
辽　宁	71918606	60406013	6487707
吉　林	36111007	29825392	3348082
黑龙江	27177996	23360751	2955505
上　海	159604392	125630290	8044739
江　苏	316175895	266591477	49007560
浙　江	211566396	175234896	28462250
安　徽	134326959	107649703	9339886
福　建	106280575	84257737	13865056
江　西	99418201	79080598	11090526
山　东	261767197	213912129	29687762
河　南	143895425	114716888	13939447
湖　北	220878518	168212045	13535487
湖　南	108137578	80190245	7590121
广　东	357463092	293447831	25234652
广　西	60430722	47874023	4431305
海　南	8841128	7729923	554195
重　庆	86777805	64282696	8849816
四　川	245077354	182641892	17320596
贵　州	97823367	81677376	8579644
云　南	105777470	72587079	4294878
西　藏	7252049	5731093	421355
陕　西	144148335	119931457	7918114
甘　肃	55833542	41249727	4029459
青　海	10736572	7879790	761084
宁　夏	9099157	7624775	1089560
新　疆	55624006	43998384	5243651

1-13 各地区建筑业企业固定资产情况

单位：万元

地 区	固定资产原价	累计折旧	#本年折旧	在建工程
全国总计	**248479659**	**121347577**	**18212827**	**38621883**
北 京	11138105	6128191	756261	572286
天 津	7902936	4376503	498681	322263
河 北	8197298	4594301	437796	662245
山 西	7636794	4049842	651618	1286934
内 蒙 古	2967824	1461284	193207	327254
辽 宁	7049409	4099804	441487	482845
吉 林	3732790	1633000	219622	460137
黑 龙 江	2286254	1330620	149359	158294
上 海	8988011	5108918	660002	579908
江 苏	30741140	14714338	2094552	3609425
浙 江	16673363	7807816	1054642	2721194
安 徽	7816623	3720711	655543	1478416
福 建	8039079	4135233	701387	936910
江 西	6606958	2462764	512769	1459529
山 东	18590850	8922982	1605237	3124825
河 南	12104378	5759367	877407	1110683
湖 北	13540029	6707865	954276	2273146
湖 南	9046126	4254847	812058	1404922
广 东	14887499	7405347	1137068	2301105
广 西	3058787	1455601	251400	1957383
海 南	264103	146030	27542	110964
重 庆	5686410	2725782	451492	1833156
四 川	14092180	5973421	1020241	4048427
贵 州	2270817	1049943	171660	1098369
云 南	6047216	2704745	545918	1246006
西 藏	368888	142047	35903	38272
陕 西	7939551	4181782	613836	504963
甘 肃	4370906	1408743	246610	1537351
青 海	915537	475643	63925	64322
宁 夏	881569	435536	58216	50797
新 疆	4638231	1974571	313115	859554

1-14　各地区建筑业企业负债及所有者权益

单位：万元

地　区	负债合计	#流动负债	#应付账款	所有者权益	#实收资本
全国总计	**2786050425**	**2371040467**	**1037688644**	**1031357798**	**433260405**
北　京	244387936	218763318	91881447	106988822	33144257
天　津	74956363	67664607	28570138	21132111	11016737
河　北	72496122	60568065	26695807	22644578	10696406
山　西	80747198	70231627	30721267	26728270	12403435
内蒙古	17678151	14789163	5847639	7505328	4211592
辽　宁	54796450	46427608	18065244	17122156	9311483
吉　林	25588590	21257402	7817184	10522417	4777823
黑龙江	21408111	18856499	7712678	5769885	4016614
上　海	126227279	117925426	64855423	33377113	15818525
江　苏	191929183	168176575	67328694	124246712	46267308
浙　江	150531734	136130258	59365105	61034661	28490516
安　徽	102960653	84507255	34558776	31366306	12995089
福　建	65593309	46707598	18300666	40687266	15052068
江　西	72383465	53830360	18939768	27034736	10528175
山　东	203015491	170704033	74504938	58751706	27143433
河　南	101742415	83599708	32709611	42153010	19273160
湖　北	162067913	133482682	70467267	58810606	21895883
湖　南	76150255	58742216	25172968	31987323	12188596
广　东	276591542	244141757	102986703	80871550	37208833
广　西	45874469	38628409	16825034	14556254	9053637
海　南	6713814	5669146	3173822	2127315	999739
重　庆	63192626	49261573	20711506	23585179	8349844
四　川	181940631	144352105	68888670	63136723	22075307
贵　州	77726806	65888170	24109834	20096561	6325313
云　南	72491636	63418311	26764367	33285834	20365805
西　藏	4776921	3389927	1162828	2475129	636655
陕　西	114255540	102388096	54478320	29892795	14377381
甘　肃	40641787	33673152	14297573	15191755	6377661
青　海	7731898	6466065	2965948	3004674	1511643
宁　夏	6526774	5589733	2781430	2572383	1507528
新　疆	42925366	35809624	15027985	12698641	5239962

1-15 各地区建筑业企业收入情况

单位：万元

地　区	主营业务收　入	主营业务成　本	主营业务税金及附加
全国总计	**2764691901**	**2511242389**	**11809620**
北　京	174750638	159742367	418117
天　津	54907769	50237998	119002
河　北	64212641	58701881	228595
山　西	64749336	55951443	158226
内蒙古	16244834	14765827	64341
辽　宁	38457440	32288586	125028
吉　林	19571034	17847169	90235
黑龙江	15925029	14708081	62996
上　海	139086165	129975102	302274
江　苏	349158620	315732210	1736536
浙　江	200657585	186653976	704131
安　徽	104944570	96203032	362632
福　建	126948194	115111847	832744
江　西	67961651	61750732	375037
山　东	176164240	161031019	684550
河　南	95546907	85313792	492599
湖　北	171237753	154834966	967096
湖　南	109618857	97591759	1135074
广　东	243274222	224241406	616045
广　西	39765029	35940256	134520
海　南	5296897	4834055	16594
重　庆	70137729	62812959	479236
四　川	155644347	140563043	681974
贵　州	32830057	29967401	128973
云　南	56166067	49913494	318433
西　藏	2431435	2204401	9791
陕　西	91214573	83478878	313828
甘　肃	25790597	23641998	106778
青　海	8738099	8040398	23754
宁　夏	8113001	7539058	27598
新　疆	35146587	29623257	92884

1-16　各地区建筑业企业费用情况

单位：万元

地　区	管理费用	销售费用	研发费用	财务费用	#利息收入	#利息支出
全国总计	**85690407**	**8060196**	**34787193**	**16103895**	**5816697**	**18452894**
北　京	4938558	748351	4338315	766570	1324467	1774735
天　津	1767545	182719	1294077	263914	181611	351600
河　北	2114485	121255	779324	511199	55271	286419
山　西	2048100	88997	1506393	431189	281375	547074
内蒙古	708147	18617	134346	88655	7192	66260
辽　宁	2003667	88647	330929	307473	42682	179032
吉　林	853629	26992	167845	192478	2301	116376
黑龙江	659669	30901	135734	82924	29575	88635
上　海	3498515	364818	2699958	346882	308522	482168
江　苏	9532550	1085288	1312604	1891281	311303	1022549
浙　江	6580040	666699	1870645	766520	203691	787615
安　徽	3170968	314651	1376590	634142	126800	464712
福　建	4323496	417360	682646	451413	62232	268602
江　西	2325950	237143	452618	547000	75366	321203
山　东	5532597	394072	2569064	1245985	264921	1017440
河　南	3103779	269253	1227211	766537	80700	571983
湖　北	4133201	443828	2805134	743612	369748	826578
湖　南	3349103	477483	2008452	710131	239659	514621
广　东	7538083	518740	3791386	1462181	506723	1395438
广　西	1321687	49780	418479	314430	48043	243137
海　南	202608	6062	35935	22510	4092	14138
重　庆	2703273	407505	434581	532958	108040	246299
四　川	4675031	552953	1883133	1080444	413788	927340
贵　州	992452	39575	277276	333708	30213	285966
云　南	2265056	229235	234274	593868	109345	584925
西　藏	171867	5856	4315	16832	18459	18842
陕　西	2425740	164925	1425389	406417	333920	546979
甘　肃	917202	55976	175937	242636	200720	4164979
青　海	307432	3417	171613	37155	21227	46531
宁　夏	322040	9486	39366	28312	3094	19549
新　疆	1203939	39612	203626	284540	51617	271169

1-17 各地区建筑业企业利润及税金情况

单位：万元

地 区	利润总额	#所得税费用	税金总额	主营业务税金及附加	应交增值税
全国总计	**89022677**	**14277339**	**70188198**	**11809620**	**58378578**
北 京	6532376	497251	2595582	418117	2177465
天 津	1113426	159443	926515	119002	807513
河 北	1259130	272089	1451969	228595	1223374
山 西	1713696	156061	1549112	158226	1390886
内蒙古	475977	104738	506847	64341	442506
辽 宁	517378	122781	1101750	125028	976722
吉 林	566194	104858	666093	90235	575858
黑龙江	360454	89848	511338	62996	448342
上 海	2496711	421616	2035860	302274	1733586
江 苏	14192844	2737842	9702811	1736536	7966275
浙 江	3521183	769639	5039602	704131	4335470
安 徽	3374535	477124	2576444	362632	2213811
福 建	5143034	962504	3626956	832744	2794212
江 西	2622986	497841	2001579	375037	1626542
山 东	5789890	869239	4453192	684550	3768642
河 南	3152295	503206	2807206	492599	2314607
湖 北	6861341	935163	4881108	967096	3914012
湖 南	4473336	616581	3859049	1135074	2723975
广 东	4988471	949642	5100156	616045	4484111
广 西	1615775	212646	981683	134520	847162
海 南	198269	44609	169524	16594	152929
重 庆	2814557	436379	2600290	479236	2121055
四 川	6370039	1091071	4141479	681974	3459504
贵 州	1116883	148957	1002584	128973	873611
云 南	2839551	346394	1802884	318433	1484451
西 藏	88273	10051	92559	9791	82768
陕 西	2913949	390581	1881955	313828	1568127
甘 肃	840427	130111	897783	106778	791004
青 海	177408	27234	196923	23754	173169
宁 夏	147207	30805	203622	27598	176023
新 疆	745083	161036	823746	92884	730862

1-18　各地区建筑业企业应收工程款及企业亏损情况

地　区	应收工程款（万元）	企业个数（个）	#亏损企业个数	亏损企业的比重（%）
全国总计	**832095994**	**159140**	**35247**	**22.1**
北　京	51749958	2706	812	30.0
天　津	19165283	3379	1014	30.0
河　北	21616438	4118	1012	24.6
山　西	25358555	3834	1013	26.4
内蒙古	7095539	1135	320	28.2
辽　宁	18370364	5962	1895	31.8
吉　林	9822656	2664	561	21.1
黑龙江	5787970	2097	575	27.4
上　海	29793738	2460	625	25.4
江　苏	79160556	14815	2071	14.0
浙　江	45840195	10827	3589	33.1
安　徽	36898958	9009	1804	20.0
福　建	22563840	9281	1618	17.4
江　西	18826377	6910	1115	16.1
山　东	65308276	12570	2656	21.1
河　南	36367281	10042	1875	18.7
湖　北	47469305	6945	959	13.8
湖　南	19653303	4213	545	12.9
广　东	76393340	11576	3297	28.5
广　西	11706252	2869	973	33.9
海　南	2057275	390	98	25.1
重　庆	20867631	3924	686	17.5
四　川	43709616	9372	1336	14.3
贵　州	16642032	2356	752	31.9
云　南	26878386	4616	1151	24.9
西　藏	1217036	525	105	20.0
陕　西	41532115	4334	905	20.9
甘　肃	12498602	2760	712	25.8
青　海	1813633	625	193	30.9
宁　夏	2959078	772	273	35.4
新　疆	12972408	2054	707	34.4

1-19 各地区建筑业企业主要经济效益指标

地 区	产值利润率 (%)	资本利润率 (%)	人均利润 (元/人)	资产负债率 (%)
全国总计	**2.8**	**20.5**	**13467**	**73.0**
北 京	4.6	19.7	28647	69.6
天 津	2.2	10.1	14238	78.0
河 北	1.7	11.8	9405	76.2
山 西	2.8	13.8	12740	75.1
内 蒙 古	3.2	11.3	15564	70.2
辽 宁	1.2	5.6	7297	76.2
吉 林	2.6	11.9	12712	70.9
黑 龙 江	2.5	9.0	9382	78.8
上 海	2.5	15.8	16867	79.1
江 苏	3.4	30.7	13476	60.7
浙 江	1.4	12.4	6015	71.2
安 徽	2.7	26.0	13283	76.6
福 建	3.0	34.2	9782	61.7
江 西	2.4	24.9	12211	72.8
山 东	3.1	21.3	16131	77.6
河 南	2.7	16.4	11378	70.7
湖 北	3.3	31.3	23287	73.4
湖 南	3.0	36.7	14358	70.4
广 东	2.0	13.4	11379	77.4
广 西	2.8	17.8	13490	75.9
海 南	4.0	19.8	23659	75.9
重 庆	3.0	33.7	12928	72.8
四 川	3.7	28.9	15098	74.2
贵 州	2.8	17.7	13657	79.5
云 南	3.6	13.9	16956	68.5
西 藏	3.5	13.9	18242	65.9
陕 西	2.8	20.3	14312	79.3
甘 肃	3.1	13.2	15639	72.8
青 海	2.8	11.7	15946	72.0
宁 夏	2.0	9.8	7357	71.7
新 疆	2.1	14.2	9393	77.2

二、按登记注册统计类别分组的建筑业企业

2-1 各地区内资建筑业企业签订合同情况

单位：万元

地 区	签订合同额	上年结转合同额	本年新签合同额
全国总计	**7233184843**	**3692400102**	**3540784741**
北 京	497666986	302481963	195185024
天 津	175329242	89094923	86234319
河 北	167202630	85332248	81870382
山 西	138419434	62195788	76223646
内 蒙 古	40167954	20191787	19976167
辽 宁	85786474	35901892	49884582
吉 林	45393594	22066525	23327069
黑 龙 江	33919670	17332528	16587142
上 海	381004438	229441697	151562741
江 苏	636976217	264680902	372295315
浙 江	472067735	246392581	225675153
安 徽	267666052	121206337	146459716
福 建	311350224	145853923	165496301
江 西	184864517	78460655	106403863
山 东	405289274	186951601	218337673
河 南	267824551	137637376	130187175
湖 北	565676766	294349859	271326907
湖 南	320186903	159544904	160642000
广 东	741544023	426773480	314770543
广 西	121040527	72504585	48535942
海 南	15792363	8910652	6881710
重 庆	172650031	79982218	92667813
四 川	458858232	247128646	211729586
贵 州	133944807	83798302	50146505
云 南	152928729	72316688	80612041
西 藏	4810568	2772132	2038436
陕 西	262459863	114551181	147908681
甘 肃	60715624	28305360	32410264
青 海	22976985	11677423	11299562
宁 夏	13290292	5570137	7720155
新 疆	75380138	38991809	36388330

2-2 各地区内资建筑业企业承包工程完成情况

单位：万元

地　　区	直接从建设单位承揽工程完成的产值	自行完成施工产值	分包出去工程的产值	从建设单位以外承揽工程完成的产值
全国总计	**2984650240**	**2844695749**	**139954490**	**277470435**
北　京	146332828	117305943	29026884	24743499
天　津	52873215	45309023	7564193	5629200
河　北	66893734	65727884	1165851	3361159
山　西	58188770	57268411	920359	4327916
内蒙古	15224405	14675776	548629	316814
辽　宁	40036820	39229102	807718	3776710
吉　林	19555646	19382622	173024	2711856
黑龙江	14429287	14299096	130192	265016
上　海	108074564	83022761	25051803	16149188
江　苏	384517793	382288658	2229135	37185006
浙　江	226593456	221381975	5211481	19594249
安　徽	108423265	106476677	1946589	16501289
福　建	161073587	160614328	459259	12012436
江　西	103465621	102120113	1345508	5636018
山　东	187879123	173446972	14432151	13406348
河　南	111258186	110212267	1045919	4630897
湖　北	198242690	195495932	2746758	12031669
湖　南	145004975	143935194	1069782	7299147
广　东	250043012	219067740	30975272	31399357
广　西	53005227	51003124	2002102	5890345
海　南	5117274	4698628	418646	222236
重　庆	86603489	84873633	1729856	10332228
四　川	166671345	160233152	6438193	12462239
贵　州	38270767	38180957	89809	1248321
云　南	69753702	69438374	315328	9401060
西　藏	2497813	2416512	81302	93327
陕　西	88537970	87845975	691996	15104741
甘　肃	26584364	26331884	252481	642777
青　海	6380041	6125342	254699	132492
宁　夏	7684021	7273651	410370	136366
新　疆	35433250	35014048	419202	826532

2-3 各地区内资企业建筑业总产值和竣工产值

单位：万元

地　区	建筑业总产值	#装饰装修产　值	#在外省完成的产值	按构成分组 建筑工程产值	安装工程产值	其他产值	竣工产值
全国总计	**3122166185**	**130852476**	**1041286397**	**2767953233**	**262406576**	**91806376**	**1400838763**
北　京	142049442	12425828	102739029	133337181	7466649	1245612	73960294
天　津	50938222	812245	34897637	45501435	3886404	1550383	16454341
河　北	69089042	1949324	23041707	57842376	9702472	1544194	24834221
山　西	61596327	1414500	21996845	54789349	5495748	1311231	18279062
内蒙古	14992590	277730	4280613	13622526	824423	545641	5858961
辽　宁	43005811	1218610	14878660	35585378	5493218	1927216	14661002
吉　林	22094478	699189	4054116	18684312	2417151	993016	9932029
黑龙江	14564112	212199	1828226	11847330	1743625	973157	4975863
上　海	99171948	8766356	54608854	86076293	10595923	2499733	50896986
江　苏	419473664	20495685	169938957	388428380	28460815	2584469	285875755
浙　江	240976224	16719421	53268549	213750063	21467026	5759135	140814309
安　徽	122977966	3083221	31440995	105135171	9355489	8487306	46693274
福　建	172626763	4447087	76462094	159562349	10133390	2931024	70631238
江　西	107756131	4070917	28851684	94359572	7463775	5932784	39628776
山　东	186853320	8887151	44922947	156728032	25278182	4847106	71438150
河　南	114843163	3319845	34817513	98503912	12154145	4185107	45888074
湖　北	207527601	6780795	84859835	184691421	17567255	5268926	83786432
湖　南	151234341	3625248	49310280	129781071	13804594	7648675	83257674
广　东	250467097	17531508	55060526	222745441	21585828	6135829	82751160
广　西	56893469	1105172	11164167	50223953	3608232	3061283	21486024
海　南	4920863	233347	305427	4287663	404313	228887	2542401
重　庆	95205860	3483495	26978564	84798944	6697971	3708946	39102961
四　川	172695392	4262144	38203129	152511466	12920764	7263162	67426053
贵　州	39429279	526574	14487524	33325422	4324477	1779380	8835062
云　南	78839434	954997	6392209	70084968	5364609	3389857	26419193
西　藏	2509839	35153	62155	2195436	188747	125656	1206500
陕　西	102950716	2624120	40752480	91373246	7949563	3627906	32858383
甘　肃	26974660	419455	3479413	23355722	2623388	995550	8919776
青　海	6257834	59995	2431440	5559289	497892	200652	2607166
宁　夏	7410018	42755	1247299	6540287	722418	147312	3105037
新　疆	35840580	368411	4523527	32725249	2208089	907241	15712607

2-4 各地区内资建筑业企业房屋建筑面积

地 区	房屋施工面积（万平方米）	#本年新开工	房屋竣工面积（万平方米）	房屋竣工率（%）
全国总计	**1515914**	**404561**	**390126**	**25.7**
北 京	87464	15563	13662	15.6
天 津	17885	3789	3540	19.8
河 北	30745	7855	7224	23.5
山 西	22404	5611	4229	18.9
内蒙古	6871	1178	1336	19.4
辽 宁	11758	2962	3545	30.1
吉 林	6198	1677	2133	34.4
黑龙江	3605	1178	1185	32.9
上 海	54883	9916	9556	17.4
江 苏	259036	73535	73056	28.2
浙 江	165559	44446	45693	27.6
安 徽	57403	21411	16120	28.1
福 建	98550	22994	19839	20.1
江 西	36948	14651	12914	35.0
山 东	97801	30357	23336	23.9
河 南	61363	10807	13419	21.9
湖 北	80284	22902	26968	33.6
湖 南	76521	23484	25523	33.4
广 东	113792	29465	26341	23.1
广 西	27563	5157	5951	21.6
海 南	2123	500	521	24.5
重 庆	31601	9065	11840	37.5
四 川	65040	19296	18710	28.8
贵 州	14417	2971	2525	17.5
云 南	16797	5918	5660	33.7
西 藏	367	137	223	60.9
陕 西	39488	9098	7774	19.7
甘 肃	11417	2719	2191	19.2
青 海	877	265	241	27.4
宁 夏	1717	646	585	34.1
新 疆	15438	5012	4287	27.8

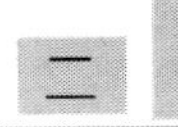

2-5　各地区按主要用途分的内资建筑业企业房屋竣工面积

单位：万平方米

地　区	总计	住宅房屋	商业及服务用房屋	办公用房　屋	科研、教育和医疗用房屋
全国总计	**390126**	**235792**	**26508**	**13924**	**19777**
北　京	13661	8313	1497	626	1111
天　津	3540	2615	114	71	161
河　北	7224	4809	484	160	355
山　西	4229	2825	201	77	417
内蒙古	1336	954	60	27	58
辽　宁	3545	2576	151	48	72
吉　林	2133	1310	89	73	113
黑龙江	1185	748	66	12	29
上　海	9556	4761	1040	398	653
江　苏	73056	47742	2358	2618	2432
浙　江	45693	23204	3420	1674	1554
安　徽	16120	8968	793	425	624
福　建	19839	13443	1163	704	648
江　西	12914	6965	1201	571	756
山　东	23336	14454	1743	739	1753
河　南	13419	9253	619	403	662
湖　北	26968	15052	3163	1784	1448
湖　南	25523	16786	1666	1062	1567
广　东	26341	13818	1883	853	1430
广　西	5951	3131	394	173	631
海　南	521	301	86	22	68
重　庆	11840	7851	850	205	340
四　川	18710	11668	1586	486	1134
贵　州	2525	1319	170	81	317
云　南	5660	3399	533	200	429
西　藏	223	107	23	4	15
陕　西	7774	5359	546	207	491
甘　肃	2191	1456	116	56	156
青　海	241	99	19	39	19
宁　夏	585	322	26	31	53
新　疆	4287	2184	449	96	283

2-5 续表

单位：万平方米

地　区	文化、体育和娱乐用房屋	厂房及建筑物	仓　库	其他未列明的房屋建筑物
全国总计	**4484**	**70721**	**3549**	**15371**
北　京	141	1354	29	591
天　津	50	436	11	80
河　北	87	911	40	379
山　西	74	497	22	116
内蒙古	31	111	5	91
辽　宁	20	529	34	116
吉　林	33	353	8	154
黑龙江	5	138	9	177
上　海	247	1521	443	492
江　苏	788	15210	597	1312
浙　江	575	13833	665	768
安　徽	210	3931	104	1064
福　建	136	3436	94	215
江　西	162	2488	124	647
山　东	272	3351	138	886
河　南	169	1527	110	678
湖　北	281	3358	143	1739
湖　南	286	2831	183	1143
广　东	214	6929	234	980
广　西	143	1042	54	384
海　南	6	24	5	10
重　庆	111	1431	42	1011
四　川	139	2688	270	739
贵　州	33	327	51	227
云　南	73	508	49	467
西　藏	3	22	2	46
陕　西	112	752	8	299
甘　肃	38	251	10	109
青　海	4	35	4	22
宁　夏	7	110	4	32
新　疆	34	787	57	397

2-6 各地区按主要用途分的内资建筑业企业房屋竣工价值

单位：万元

地　区	总计	住宅房屋	商业及服务用房屋	办公用房　屋	科研、教育和医疗用房屋
全国总计	**831903983**	**489060073**	**62938660**	**36357872**	**58953684**
北　京	42867868	23100610	4914754	2488625	4886012
天　津	6577196	4248347	241086	208652	469627
河　北	13335615	8403665	1329258	351222	831630
山　西	8775168	5063505	463196	194198	1314179
内蒙古	2678583	1766131	137692	73580	220288
辽　宁	6617607	4664898	391656	81207	199960
吉　林	4384088	2419780	222416	212663	358517
黑龙江	1391498	854150	96020	60270	83915
上　海	28831922	12328230	4504679	1418674	2352459
江　苏	179027266	117113189	6336862	7637012	7923226
浙　江	97093167	53179306	7836939	4353652	5072304
安　徽	25777909	14788071	1523080	823306	1405813
福　建	45021120	30508296	2639742	1387578	2077174
江　西	22701269	12780955	1838048	941440	1875956
山　东	45469359	26531099	3758267	1891302	4601595
河　南	20509239	13576923	887217	749508	1354193
湖　北	52898977	26932246	6761675	5127741	3641254
湖　南	47347146	29283868	3495137	2109909	3368247
广　东	52830623	27456379	4181361	2153359	4811264
广　西	13690084	7538711	759314	498447	1929795
海　南	1403276	686045	297794	73455	257589
重　庆	22059455	14361547	1753759	516920	850635
四　川	39451180	23298452	3773751	1139077	3619882
贵　州	5342786	2314464	272825	227297	813005
云　南	12421435	7340366	1321601	473229	1071632
西　藏	491455	270007	44939	14419	41192
陕　西	18261299	10601912	1610218	678410	1978121
甘　肃	4613141	2771803	438197	95783	418382
青　海	517099	203893	68229	41858	53310
宁　夏	1359616	716255	60431	81329	212126
新　疆	8157538	3956970	978519	253754	860402

2-6 续表 单位：万元

地 区	文化、体育和娱乐用房屋	厂房及建筑物	仓 库	其他未列明的房屋建筑物
全国总计	**14348826**	**131860426**	**6591783**	**31792660**
北 京	947225	3812117	68507	2650018
天 津	260828	899562	59244	189850
河 北	154804	1471465	65996	727576
山 西	272170	1176536	58279	233106
内 蒙 古	154252	250113	7226	69302
辽 宁	63480	901328	27802	287275
吉 林	105248	815015	3943	246505
黑 龙 江	13978	181123	15599	86444
上 海	943998	3997844	684312	2601728
江 苏	2722013	32824464	1352465	3118034
浙 江	1803028	21733433	1379037	1735468
安 徽	178433	5987286	139647	932274
福 建	619886	6993265	256919	538261
江 西	390540	3783185	185756	905390
山 东	678104	5837255	229911	1941826
河 南	309199	2324109	122390	1185699
湖 北	858458	5990136	252366	3335102
湖 南	706441	4963244	315992	3104308
广 东	782943	11697538	429357	1318421
广 西	405174	1772424	124171	662048
海 南	9728	41790	18404	18471
重 庆	250165	3129177	63005	1134247
四 川	452622	5128557	296412	1742428
贵 州	71477	667787	143956	831975
云 南	152156	1077801	65818	918834
西 藏	9491	17301	6701	87407
陕 西	778582	2160497	25398	428161
甘 肃	145339	502104	25902	215632
青 海	7135	86403	6994	49278
宁 夏	23668	199012	7540	59256
新 疆	78260	1438558	152736	438338

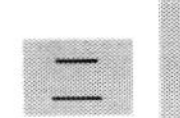

2-7 各地区内资建筑业企业主要生产效益指标

地区	建筑业企业个数(个)	从事建筑业活动的平均人数(人)	按总产值计算的劳动生产率(元/人)	人均竣工产值(元/人)	人均施工面积(平方米/人)	人均竣工面积(平方米/人)
全国总计	**158707**	**65734478**	**474966**	**213106**	**230.6**	**59.3**
北京	2664	2250082	631308	328700	388.7	60.7
天津	3367	781044	652181	210671	229.0	45.3
河北	4114	1274730	541990	194819	241.2	56.7
山西	3833	1345142	457917	135889	166.6	31.4
内蒙古	1135	305815	490250	191585	224.7	43.7
辽宁	5940	705463	609611	207821	166.7	50.3
吉林	2661	444761	496772	223312	139.4	48.0
黑龙江	2093	383644	379626	129700	94.0	30.9
上海	2380	1448505	684650	351376	378.9	66.0
江苏	14757	10472683	400541	272973	247.3	69.8
浙江	10810	5789123	416257	243239	286.0	78.9
安徽	8999	2528786	486312	184647	227.0	63.7
福建	9257	5223316	330493	135223	188.7	38.0
江西	6903	2142491	502948	184966	172.5	60.3
山东	12551	3574857	522688	199835	273.6	65.3
河南	10033	2768202	414866	165769	221.7	48.5
湖北	6941	2945457	704568	284460	272.6	91.6
湖南	4209	3108722	486484	267820	246.1	82.1
广东	11484	4354348	575211	190043	261.3	60.5
广西	2868	1197743	475006	179388	230.1	49.7
海南	389	83684	588029	303810	253.7	62.2
重庆	3921	2175132	437702	179773	145.3	54.4
四川	9367	4218237	409402	159844	154.2	44.4
贵州	2356	817786	482147	108036	176.3	30.9
云南	4616	1674643	470784	157760	100.3	33.8
西藏	525	48390	518669	249328	75.7	46.1
陕西	4325	2030160	507106	161851	194.5	38.3
甘肃	2759	537386	501961	165985	212.5	40.8
青海	625	111257	562467	234337	78.9	21.6
宁夏	771	199630	371188	155540	86.0	29.3
新疆	2054	793259	451814	198077	194.6	54.0

2-8 各地区内资建筑业企业资产构成

单位：万元

地区	资产总计	流动资产合计	#存货
全国总计	**3766631784**	**2937367502**	**317225523**
北京	349293382	218329299	7229567
天津	95793493	74876787	4033609
河北	89930073	74586768	12888065
山西	107472660	80275540	8139807
内蒙古	25183479	20211125	2546414
辽宁	70912564	59514049	6392952
吉林	35982429	29711136	3319636
黑龙江	27139112	23325652	2950491
上海	157011430	123302778	7789054
江苏	311128530	262613716	48755724
浙江	206765954	171971482	28313360
安徽	131190250	104853158	9320016
福建	105375558	83723024	13743249
江西	99118394	78834258	11086436
山东	259827408	212269515	29505912
河南	143475936	114364485	13870119
湖北	220736885	168075230	13498686
湖南	107710341	79788604	7535214
广东	336760276	274645200	22916346
广西	60430657	47874023	4431305
海南	8837878	7728305	554190
重庆	85730579	63695117	8777987
四川	244955618	182533421	17300881
贵州	97823367	81677376	8579644
云南	105777470	72587079	4294878
西藏	7252049	5731093	421355
陕西	143942006	119727295	7908830
甘肃	55830913	41248407	4029441
青海	10736572	7879790	761084
宁夏	8882515	7415403	1087623
新疆	55624006	43998384	5243651

2-9 各地区内资建筑业企业固定资产情况

单位：万元

地　区	固定资产原价	累计折旧	#本年折旧	在建工程
全国总计	**246643518**	**120506002**	**18102681**	**38327088**
北　京	11087520	6096387	753549	571308
天　津	7873448	4353047	495440	320743
河　北	8098849	4571713	435478	652193
山　西	7636441	4049521	651613	1286934
内蒙古	2967824	1461284	193207	327254
辽　宁	6898882	4008777	437533	472585
吉　林	3716980	1624308	216633	460137
黑龙江	2280413	1328066	149294	158294
上　海	8900933	5054968	650911	578877
江　苏	30221368	14506233	2079025	3575469
浙　江	16576977	7760538	1050163	2690027
安　徽	7640985	3679624	648495	1469894
福　建	8001725	4117597	690834	933962
江　西	6599656	2459213	512285	1459529
山　东	18436743	8856462	1586132	3069555
河　南	12038850	5743057	875258	1109060
湖　北	13537890	6706567	953909	2273072
湖　南	9039994	4252988	811945	1402627
广　东	14643252	7267987	1123885	2166005
广　西	3058787	1455601	251400	1957383
海　南	264103	146030	27542	110964
重　庆	5649336	2700758	442668	1833156
四　川	14082369	5968392	1019575	4048427
贵　州	2270817	1049943	171660	1098369
云　南	6047216	2704745	545918	1246006
西　藏	368888	142047	35903	38272
陕　西	7934553	4177523	612226	504963
甘　肃	4370837	1408679	246610	1537351
青　海	915537	475643	63925	64322
宁　夏	844115	403731	56551	50797
新　疆	4638231	1974571	313115	859554

2-10 各地区内资建筑业企业负债及所有者权益

单位：万元

地　区	负债合计	#流动负债	#应付账款	所有者权益	#实收资本
全国总计	**2747934518**	**2337229569**	**1024635367**	**1018697266**	**429712989**
北　京	242718003	217644133	91336337	106575379	32921661
天　津	74762569	67472299	28471281	21030924	10960947
河　北	67860183	55959884	24016898	22069890	10496068
山　西	80745259	70229688	30719578	26727401	12401636
内蒙古	17678151	14789163	5847639	7505328	4211592
辽　宁	54312251	45973981	17862831	16600314	9066653
吉　林	25507489	21191624	7779060	10474940	4762223
黑龙江	21375430	18823818	7695519	5763682	4011124
上　海	124371898	116431966	63945184	32639532	15534330
江　苏	188986831	165421954	65747470	122141699	45979185
浙　江	146677302	132808513	58685063	60088652	28159689
安　徽	100221129	82310020	34433311	30969121	12835367
福　建	65029265	46307834	18099291	40346293	14962055
江　西	72163641	53614819	18819540	26954753	10495532
山　东	201714072	169429603	73847034	58113337	26976019
河　南	101422404	83338134	32566302	42053531	19237028
湖　北	161955701	133370471	70381152	58781184	21881363
湖　南	75901318	58495839	25087595	31809023	12171038
广　东	260796461	229904842	98404392	75963815	36095905
广　西	45874403	38628409	16825034	14556254	9053637
海　南	6711086	5667384	3173362	2126792	999216
重　庆	62447205	48711745	20544886	23283374	8150968
四　川	181858221	144273709	68884151	63097398	22057610
贵　州	77726806	65888170	24109834	20096561	6325313
云　南	72491636	63418311	26764367	33285834	20365805
西　藏	4776921	3389927	1162828	2475129	636655
陕　西	114148578	102292656	54418907	29793428	14358078
甘　肃	40641784	33673149	14297572	15189129	6377161
青　海	7731898	6466065	2965948	3004674	1511643
宁　夏	6401258	5491836	2715017	2481257	1477528
新　疆	42925366	35809624	15027985	12698641	5239962

2-11 各地区内资建筑业企业收入情况

单位：万元

地区	主营业务收入	主营业务成本	主营业务税金及附加
全国总计	**2741593052**	**2491007691**	**11751580**
北京	173085681	158253305	414515
天津	54781317	50138162	118401
河北	61522118	56159478	219594
山西	64749323	55951431	158226
内蒙古	16244834	14765827	64341
辽宁	38213911	32096264	122463
吉林	19461552	17748182	89737
黑龙江	15913881	14697558	62927
上海	136342422	127547623	296371
江苏	346164139	313181021	1730245
浙江	197521120	184115859	695686
安徽	103890636	95393433	362519
福建	125842560	114052368	829332
江西	67749415	61567030	374555
山东	175428058	160366593	682922
河南	95457760	85249168	491783
湖北	171100252	154712056	965652
湖南	109264229	97308990	1133131
广东	238188772	219644465	608081
广西	39764963	35940190	134520
海南	5292435	4829634	16594
重庆	69956913	62649344	478531
四川	155554671	140496237	681758
贵州	32830057	29967401	128973
云南	56166067	49913494	318433
西藏	2431435	2204401	9791
陕西	91022246	83309209	312260
甘肃	25790481	23641911	106778
青海	8738099	8040398	23754
宁夏	7977118	7443403	26825
新疆	35146587	29623257	92884

2-12 各地区内资建筑业企业费用情况

单位：万元

地　区	管理费用	销售费用	研发费用	财务费用	#利息收入	#利息支出
全国总计	**84811547**	**7684095**	**34411644**	**15939354**	**5774160**	**18286305**
北　京	4853719	725029	4320945	761034	1324315	1768352
天　津	1755846	179188	1290929	263801	181436	351349
河　北	2061788	121127	769941	502613	53484	275740
山　西	2048098	88997	1506393	431189	281375	547074
内蒙古	708147	18617	134346	88655	7192	66260
辽　宁	1966874	84822	323154	314646	42613	178102
吉　林	851129	26968	167845	192341	2180	116268
黑龙江	657378	30861	135734	82621	29373	88631
上　海	3350300	346966	2675284	352226	308863	480584
江　苏	9346244	1051396	1241124	1887614	302879	1007424
浙　江	6443138	396242	1821129	749348	178397	757050
安　徽	3163906	314360	1347808	623434	126768	463157
福　建	4309621	411845	677559	450578	62171	268216
江　西	2316799	237143	452298	545540	74979	319615
山　东	5513274	392691	2566379	1243243	263221	1015854
河　南	3096208	267908	1224930	765918	80642	571759
湖　北	4131566	443807	2805134	743267	369747	826277
湖　南	3339237	476704	2002427	711191	238532	514621
广　东	7411986	511019	3652305	1354139	503553	1304151
广　西	1321636	49780	418479	314430	48043	243137
海　南	202540	6062	35935	22510	4092	14138
重　庆	2695113	407505	430562	515220	107747	243431
四　川	4671650	546981	1879209	1079144	413789	926256
贵　州	992452	39575	277276	333708	30213	285966
云　南	2265056	229235	234274	593868	109345	584925
西　藏	171867	5856	4315	16832	18459	18842
陕　西	2420411	164924	1425389	408070	334094	546898
甘　肃	917180	55974	175937	242636	200720	4164979
青　海	307432	3417	171613	37155	21227	46531
宁　夏	317012	9486	39366	27842	3094	19549
新　疆	1203939	39612	203626	284540	51617	271169

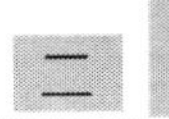

2-13 各地区内资建筑业企业利润及税金情况

单位：万元

地　区	利润总额	#所得税费用	税金总额	主营业务税金及附加	应交增值税
全国总计	**87930519**	**14065974**	**69731343**	**11751580**	**57979763**
北　京	6476597	486384	2568836	414515	2154322
天　津	1106204	158470	922633	118401	804231
河　北	1191305	255114	1406180	219594	1186586
山　西	1713698	156061	1549111	158226	1390885
内蒙古	475977	104738	506847	64341	442506
辽　宁	492202	120674	1096589	122463	974127
吉　林	556639	104147	658300	89737	568563
黑龙江	360207	89816	509861	62927	446935
上　海	2313801	384597	1995547	296371	1699177
江　苏	13979315	2705976	9653421	1730245	7923176
浙　江	3527166	762078	5004870	695686	4309184
安　徽	3175315	445986	2499317	362519	2136798
福　建	5120137	956783	3602633	829332	2773300
江　西	2605663	492501	1997016	374555	1622460
山　东	5741619	856085	4442581	682922	3759659
河　南	3142464	501078	2802199	491783	2310416
湖　北	6850185	932426	4868656	965652	3903005
湖　南	4419365	605681	3840703	1133131	2707572
广　东	4872179	927034	5026795	608081	4418714
广　西	1615826	212646	981682	134520	847162
海　南	198288	44609	169523	16594	152929
重　庆	2810463	436377	2596659	478531	2118128
四　川	6365810	1090748	4140490	681758	3458732
贵　州	1116883	148957	1002584	128973	873611
云　南	2839551	346394	1802884	318433	1484451
西　藏	88273	10051	92559	9791	82768
陕　西	2893564	385628	1876280	312260	1564020
甘　肃	840422	130111	897781	106778	791003
青　海	177408	27234	196923	23754	173169
宁　夏	118911	26556	198139	26825	171314
新　疆	745083	161036	823746	92884	730862

2-14 各地区内资建筑业企业应收工程款及企业亏损情况

地　区	应收工程款 (万元)	企业个数 (个)	#亏损企业个数	亏损企业的比重 (%)
全国总计	**819564921**	**158707**	**35121**	**22.1**
北　京	51011521	2664	798	30.0
天　津	19113556	3367	1012	30.1
河　北	21010607	4114	1012	24.6
山　西	25356255	3833	1012	26.4
内蒙古	7095539	1135	320	28.2
辽　宁	17938276	5940	1886	31.8
吉　林	9782482	2661	561	21.1
黑龙江	5767316	2093	575	27.5
上　海	29152687	2380	603	25.3
江　苏	77704299	14757	2059	14.0
浙　江	45198744	10810	3587	33.2
安　徽	35454451	8999	1800	20.0
福　建	22309739	9257	1614	17.4
江　西	18768636	6903	1113	16.1
山　东	64889736	12551	2652	21.1
河　南	36241570	10033	1873	18.7
湖　北	47394795	6941	959	13.8
湖　南	19630216	4209	545	13.0
广　东	71314559	11484	3255	28.3
广　西	11706252	2868	972	33.9
海　南	2057195	389	97	24.9
重　庆	20652890	3921	684	17.4
四　川	43658968	9367	1335	14.3
贵　州	16642032	2356	752	31.9
云　南	26878386	4616	1151	24.9
西　藏	1217036	525	105	20.0
陕　西	41476392	4325	904	20.9
甘　肃	12498325	2759	712	25.8
青　海	1813633	625	193	30.9
宁　夏	2856420	771	273	35.4
新　疆	12972408	2054	707	34.4

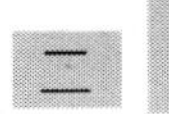

2-15 各地区内资建筑业企业主要经济效益指标

地　区	产值利润率 (%)	资本利润率 (%)	人均利润 (元/人)	资产负债率 (%)
全国总计	**2.8**	**20.5**	**13377**	**73.0**
北　京	4.6	19.7	28784	69.5
天　津	2.2	10.1	14163	78.0
河　北	1.7	11.4	9346	75.5
山　西	2.8	13.8	12740	75.1
内蒙古	3.2	11.3	15564	70.2
辽　宁	1.1	5.4	6977	76.6
吉　林	2.5	11.7	12515	70.9
黑龙江	2.5	9.0	9389	78.8
上　海	2.3	14.9	15974	79.2
江　苏	3.3	30.4	13348	60.7
浙　江	1.5	12.5	6093	70.9
安　徽	2.6	24.7	12557	76.4
福　建	3.0	34.2	9802	61.7
江　西	2.4	24.8	12162	72.8
山　东	3.1	21.3	16061	77.6
河　南	2.7	16.3	11352	70.7
湖　北	3.3	31.3	23257	73.4
湖　南	2.9	36.3	14216	70.5
广　东	1.9	13.5	11189	77.4
广　西	2.8	17.8	13491	75.9
海　南	4.0	19.8	23695	75.9
重　庆	3.0	34.5	12921	72.8
四　川	3.7	28.9	15091	74.2
贵　州	2.8	17.7	13657	79.5
云　南	3.6	13.9	16956	68.5
西　藏	3.5	13.9	18242	65.9
陕　西	2.8	20.2	14253	79.3
甘　肃	3.1	13.2	15639	72.8
青　海	2.8	11.7	15946	72.0
宁　夏	1.6	8.0	5957	72.1
新　疆	2.1	14.2	9393	77.2

2-16 各地区港澳台商投资建筑业企业签订合同情况

单位：万元

地 区	签订合同额	上年结转合同额	本年新签合同额
全国总计	**35549263**	**20909604**	**14639659**
北 京	1466292	981287	485004
天 津	20271	9428	10843
河 北	8013983	5688546	2325436
山 西	14		14
内蒙古			
辽 宁	423708	284964	138744
吉 林	190326	77946	112380
黑龙江	300	300	
上 海	1571211	915934	655278
江 苏	1097900	424400	673499
浙 江	5356387	1941318	3415069
安 徽	3640965	2206240	1434725
福 建	1757800	1009888	747913
江 西	171027	64006	107021
山 东	1511219	788526	722693
河 南	47101	39725	7376
湖 北	4502	3250	1252
湖 南	145973	120960	25014
广 东	9682136	5942654	3739482
广 西	1001	63	938
海 南	34205	34205	
重 庆	254609	253796	814
四 川	65771	31499	34272
贵 州			
云 南			
西 藏			
陕 西	92563	90673	1890
甘 肃			
青 海			
宁 夏			
新 疆			

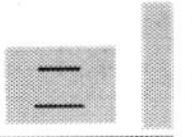

2-17 各地区港澳台商投资建筑业企业承包工程完成情况

单位：万元

地 区	直接从建设单位承揽工程完成的产值	自行完成施工产值	分包出去工程的产值	从建设单位以外承揽工程完成的产值
全国总计	**15102447**	**13660089**	**1442358**	**898416**
北 京	567410	402336	165075	232835
天 津	13383	8816	4566	2093
河 北	3499805	3499805		
山 西	13	13		
内蒙古				
辽 宁	341908	341868	40	88
吉 林	84953	84953		
黑龙江	266	266		
上 海	568335	488388	79947	202758
江 苏	446615	446615		8824
浙 江	3245691	3225095	20597	206065
安 徽	943196	943196		86012
福 建	1122674	1109749	12925	13675
江 西	141803	141803		
山 东	722434	722434		
河 南	11661	11661		
湖 北	2812	2812		
湖 南	139937	139937		
广 东	3118346	1959137	1159209	145874
广 西	63	63		
海 南	4864	4864		
重 庆	4642	4642		
四 川	21275	21275		193
贵 州				
云 南				
西 藏				
陕 西	100363	100363		
甘 肃				
青 海				
宁 夏				
新 疆				

2-18 各地区港澳台商投资企业建筑业总产值和竣工产值

单位：万元

地 区	建筑业总产值	#装饰装修产值	#在外省完成的产值	按构成分组			竣工产值
				建筑工程产值	安装工程产值	其他产值	
全国总计	**14558505**	**1727780**	**6605866**	**13240102**	**1130233**	**188171**	**7495412**
北 京	635171	373246	488730	575946	53272	5954	456847
天 津	10909		2115	10121	591	196	2719
河 北	3499805	22988	1459871	3386275	25028	88502	1753007
山 西	13	13		13			
内蒙古							
辽 宁	341956	3461	124129	329187	12615	153	59815
吉 林	84953		69801	69781	15172		15172
黑龙江	266	266		266			
上 海	691146	286131	400624	480045	210579	523	218027
江 苏	455439	31618	199923	257449	196142	1848	263092
浙 江	3431160	723702	1299499	3162858	259916	8386	2491605
安 徽	1029208	13970	569015	1020584	8625		273126
福 建	1123424	132418	624563	1069508	43719	10197	523937
江 西	141803	5124	118575	138085	929	2789	4645
山 东	722434	184		698739	23696		271127
河 南	11661			4559		7102	
湖 北	2812	639		2812			1932
湖 南	139937	3207	3251	136735	1965	1237	83807
广 东	2105011	126045	1189110	1795035	249109	60868	1044424
广 西	63			63			
海 南	4864			4864			
重 庆	4642	154	4488	2693	1795	154	154
四 川	21468	4616	16146	609	20596	263	416
贵 州							
云 南							
西 藏							
陕 西	100363		36028	93878	6485		31561
甘 肃							
青 海							
宁 夏							
新 疆							

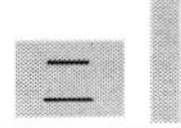

2-19 各地区港澳台商投资建筑业企业房屋建筑面积

地区	房屋施工面积(万平方米)	#本年新开工	房屋竣工面积(万平方米)	房屋竣工率(%)
全国总计	**12634**	**3155**	**2466**	**19.5**
北京	274		66	24.0
天津				
河北	3302	339	698	21.2
山西				
内蒙古				
辽宁	1			
吉林				
黑龙江				
上海	448	175	169	37.8
江苏	71	15	9	13.2
浙江	2363	1093	879	37.2
安徽	2455	536	45	1.8
福建	517	107	161	31.2
江西	1			
山东	142	63	23	16.5
河南	30			
湖北	2	0	1	43.0
湖南	151	3	76	50.5
广东	2747	823	326	11.9
广西				
海南				
重庆				
四川				
贵州				
云南				
西藏				
陕西	132		11	8.3
甘肃				
青海				
宁夏				
新疆				

2-20 各地区按主要用途分的港澳台商投资建筑业企业房屋竣工面积

单位：万平方米

地　区	总计	住宅房屋	商业及服务用房屋	办公用房　屋	科研、教育和医疗用房屋
全国总计	**2466**	**1247**	**155**	**37**	**137**
北　京	66	12	47		6
天　津					
河　北	698	437	6	35	75
山　西					
内蒙古					
辽　宁					
吉　林					
黑龙江					
上　海	169		10		
江　苏	9				0
浙　江	879	345	43	2	32
安　徽	45		45		
福　建	161	147			
江　西					
山　东	23	5	2		8
河　南					
湖　北	1				
湖　南	76	64		0	2
广　东	326	226	1		13
广　西					
海　南					
重　庆					
四　川					
贵　州					
云　南					
西　藏					
陕　西	11	11			
甘　肃					
青　海					
宁　夏					
新　疆					

2-20 续表 单位：万平方米

地区	文化、体育和娱乐用房屋	厂房及建筑物	仓库	其他未列明的房屋建筑物
全国总计	**49**	**820**	**2**	**19**
北京				
天津				
河北	41	86		19
山西				
内蒙古				
辽宁				
吉林				
黑龙江				
上海		159		
江苏		9		
浙江	8	448	1	
安徽				
福建		14		
江西				
山东		8		0
河南				
湖北		1		
湖南	0	8	1	
广东		86		0
广西				
海南				
重庆				
四川				
贵州				
云南				
西藏				
陕西				
甘肃				
青海				
宁夏				
新疆				

2-21 各地区按主要用途分的港澳台商投资建筑业企业房屋竣工价值

单位：万元

地区	总计	住宅房屋	商业及服务用房屋	办公用房屋	科研、教育和医疗用房屋
全国总计	**5256812**	**2821509**	**422998**	**123124**	**496325**
北京	125421	51711	36723		36988
天津					
河北	1749713	977489	26924	114159	228270
山西					
内蒙古					
辽宁					
吉林					
黑龙江					
上海	91160		9421		
江苏	14161				1747
浙江	1622757	703886	144913	8905	114467
安徽	192968		192968		
福建	368305	338141			
江西					
山东	108050	10090	10370		31418
河南					
湖北	1932				
湖南	81612	65763		60	6691
广东	869172	642868	1678		76745
广西					
海南					
重庆					
四川					
贵州					
云南					
西藏					
陕西	31561	31561			
甘肃					
青海					
宁夏					
新疆					

2-21 续表

单位：万元

地　　区	文化、体育和娱乐用房屋	厂房及建筑物	仓　库	其他未列明的房屋建筑物
全国总计	**195061**	**1163468**	**5593**	**28735**
北　　京				
天　　津				
河　　北	166680	208776		27415
山　　西				
内 蒙 古				
辽　　宁				
吉　　林				
黑 龙 江				
上　　海		81739		
江　　苏		12414		
浙　　江	28295	618358	3933	
安　　徽				
福　　建		30163		
江　　西				
山　　东		55022		1150
河　　南				
湖　　北		1932		
湖　　南	86	7352	1660	
广　　东		147711		170
广　　西				
海　　南				
重　　庆				
四　　川				
贵　　州				
云　　南				
西　　藏				
陕　　西				
甘　　肃				
青　　海				
宁　　夏				
新　　疆				

2-22 各地区港澳台商投资建筑业企业主要生产效益指标

地　区	建筑业企业个数（个）	从事建筑业活动的平均人数（人）	按总产值计算的劳动生产率（元/人）	人均竣工产值（元/人）	人均施工面积（平方米/人）	人均竣工面积（平方米/人）
全国总计	**262**	**252424**	**576748**	**296937**	**500.5**	**97.7**
北　京	22	16716	379978	273299	163.6	39.3
天　津	3	182	599390	149379		
河　北	3	64054	546384	273676	515.5	109.0
山　西	1	4	32000			
内蒙古						
辽　宁	9	2881	1186933	207617	1.9	
吉　林	2	321	2646505	472657		
黑龙江	1	18	147667			
上　海	40	16568	417157	131595	270.2	102.2
江　苏	28	9507	479056	276735	74.5	9.8
浙　江	15	59697	574763	417375	395.9	147.3
安　徽	7	11519	893487	237109	2131.3	39.1
福　建	21	33428	336073	156736	154.5	48.3
江　西	5	1403	1010711	33107	9.1	
山　东	11	10013	721496	270774	142.1	23.5
河　南	2	673	173262		447.0	
湖　北	1	236	119161	81881	95.3	40.9
湖　南	3	2281	613490	367414	660.3	333.1
广　东	78	19318	1089663	540648	1421.9	168.8
广　西	1	30	21033			
海　南	1	120	405350			
重　庆	2	66	703303	23303		
四　川	3	465	461675	8935		
贵　州						
云　南						
西　藏						
陕　西	3	2924	343237	107939	450.0	37.3
甘　肃						
青　海						
宁　夏						
新　疆						

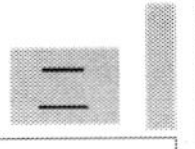

2-23　各地区港澳台商投资建筑业企业资产构成

单位：万元

地　　区	资产总计	#流动资产合计	#存货
全国总计	**32132680**	**27032733**	**1249139**
北　京	866314	829479	42830
天　津	137945	136565	2640
河　北	5199319	4747521	13896
山　西	2808	2775	
内蒙古			
辽　宁	937114	858738	91768
吉　林	107262	96719	27297
黑龙江	9224	7935	
上　海	1002077	851488	59654
江　苏	1162043	1057120	104683
浙　江	4741353	3221650	145999
安　徽	3005942	2783483	18532
福　建	579761	513371	121187
江　西	89273	38155	3810
山　东	987397	810248	174852
河　南	93568	91800	59045
湖　北	12905	12890	36
湖　南	51945	44975	9197
广　东	12103879	10327219	336708
广　西	66		
海　南	3251	1618	5
重　庆	854605	420557	13082
四　川	83028	76857	18448
贵　州			
云　南			
西　藏			
陕　西	101603	101570	5472
甘　肃			
青　海			
宁　夏			
新　疆			

2-24 各地区港澳台商投资建筑业企业固定资产情况

单位：万元

地区	固定资产原价	累计折旧	#本年折旧	在建工程
全国总计	**770376**	**389556**	**47162**	**209370**
北京	16669	8933	1074	
天津	7256	6060	166	
河北	96044	20575	2277	10052
山西	354	321	5	
内蒙古				
辽宁	104893	74738	2482	7561
吉林	10703	6140	437	
黑龙江	1348	443		
上海	47127	27980	7072	254
江苏	61595	29087	5607	2531
浙江	92957	44592	3836	31167
安徽	35284	7814	1278	
福建	36342	17039	10524	2947
江西	5205	2169	347	
山东	28458	16603	1449	20075
河南	2110	613	67	
湖北	149	135	1	
湖南	1100	937	114	2293
广东	206677	117285	9670	132491
广西				
海南				
重庆	12781	6632	569	
四川	3198	1366	161	
贵州				
云南				
西藏				
陕西	129	96	26	
甘肃				
青海				
宁夏				
新疆				

2-25 各地区港澳台商投资建筑业企业负债及所有者权益

单位：万元

地　区	负债合计	#流动负债	#应付账款	所有者权益	#实收资本
全国总计	**24530480**	**21273796**	**8212985**	**7602200**	**2373567**
北　京	600461	446005	232623	265853	106255
天　津	107076	107076	54284	30869	25389
河　北	4635204	4607447	2678392	564115	196338
山　西	1939	1939	1690	869	1799
内蒙古					
辽　宁	428728	407726	173241	508386	230305
吉　林	65808	65778	38124	41454	15600
黑龙江	7041	7041	7041	2183	166
上　海	666195	542733	312650	335882	128421
江　苏	758941	650402	316538	403102	152014
浙　江	3807361	3274674	657254	933992	320242
安　徽	2669682	2133577	74301	336260	140398
福　建	426652	397951	199858	153108	90014
江　西	36628	32345	21372	52645	14645
山　东	662076	639872	261682	325321	153039
河　南	83368	83248	62012	10201	4598
湖　北	5599	5599	3570	7306	4200
湖　南	34885	32325	23497	17060	11866
广　东	8800442	7295321	2971228	3303437	561682
广　西	65			0	
海　南	2728	1763	460	523	523
重　庆	585594	401150	71648	269011	188876
四　川	68662	65430	14	14366	11697
贵　州					
云　南					
西　藏					
陕　西	75346	74396	51505	26257	15500
甘　肃					
青　海					
宁　夏					
新　疆					

2-26 各地区港澳台商投资建筑业企业收入情况

单位：万元

地 区	主营业务收 入	主营业务成 本	主营业务税金及附加
全国总计	**14866151**	**13032985**	**36078**
北 京	760616	672518	1743
天 津	18438	16537	103
河 北	2689072	2541387	8998
山 西	13	12	0
内蒙古			
辽 宁	213927	173413	2421
吉 林	97981	89054	421
黑龙江			
上 海	814425	719745	1844
江 苏	703477	609048	1069
浙 江	3015575	2428675	8194
安 徽	1018458	790966	27
福 建	968361	932159	3156
江 西	138344	113790	281
山 东	630129	591065	1201
河 南	11807	10561	224
湖 北	2714	2306	6
湖 南	137168	122866	441
广 东	3470393	3071626	5170
广 西	66	65	
海 南	4463	4421	0
重 庆	18335	16268	319
四 川	74864	54669	76
贵 州			
云 南			
西 藏			
陕 西	77526	71835	384
甘 肃			
青 海			
宁 夏			
新 疆			

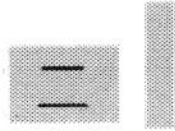

2-27 各地区港澳台商投资建筑业企业费用情况

单位：万元

地 区	管理费用	销售费用	研发费用	财务费用	#利息收入	#利息支出
全国总计	**479404**	**303803**	**225241**	**152224**	**38622**	**142222**
北 京	33848	6804	8770	937	-435	1410
天 津	1789	205		-21		1
河 北	52349	128	9384	8586	1787	10679
山 西	2			0		
内蒙古						
辽 宁	32014	3704	7256	-7791	38	284
吉 林	1666	23		-11	122	108
黑龙江	6					
上 海	59198	5724	14604	775	1025	960
江 苏	30344	1454	7985	2197	4177	9723
浙 江	126337	270457	49516	16880	25293	30274
安 徽	3349	2	28781	10668	-5	1553
福 建	12109	4355	5086	744	61	385
江 西	4874			364	343	453
山 东	13796	10	1021	2157	1689	998
河 南	1108			-3	5	2
湖 北	413					
湖 南	1413	48		6		
广 东	95265	5227	89316	98212	4348	81949
广 西	50					
海 南	68			0	0	
重 庆	5521			17481	167	2584
四 川	2535	5662	3523	995	-3	779
贵 州						
云 南						
西 藏						
陕 西	1350			47	11	81
甘 肃						
青 海						
宁 夏						
新 疆						

2-28 各地区港澳台商投资建筑业企业利润及税金情况

单位：万元

地区	利润总额	#所得税费用	税金总额	主营业务税金及附加	应交增值税
全国总计	**620704**	**111025**	**299026**	**36078**	**262949**
北京	52047	6547	12963	1743	11220
天津	-898	4	587	103	484
河北	67724	16975	45763	8998	36765
山西	-1		1	0	1
内蒙古					
辽宁	19543	529	3812	2421	1391
吉林	9042	580	7427	421	7006
黑龙江	2	1	2		2
上海	42647	3968	17645	1844	15801
江苏	52719	7940	6795	1069	5726
浙江	-6238	7506	32040	8194	23845
安徽	186203	27963	76273	27	76246
福建	17688	4476	22164	3156	19009
江西	19427	4904	2168	281	1887
山东	27986	7422	8228	1201	7027
河南	-69	55	1163	224	939
湖北	10	3	328	6	322
湖南	12069	367	5374	441	4933
广东	117493	20511	51532	5170	46362
广西	-50		0		0
海南	-18		0	0	
重庆	-4095	1	2191	319	1872
四川	3549	288	494	76	418
贵州					
云南					
西藏					
陕西	3924	985	2075	384	1691
甘肃					
青海					
宁夏					
新疆					

2-29 各地区港澳台商投资建筑业企业应收工程款及企业亏损情况

地 区	应收工程款（万元）	企业个数（个）	#亏损企业个数	亏损企业的比重（%）
全国总计	**8443758**	**262**	**83**	**31.7**
北 京	308804	22	5	22.7
天 津	26556	3	1	33.3
河 北	605303	3		
山 西	2300	1	1	100.0
内蒙古				
辽 宁	422248	9	4	44.4
吉 林	28196	2		
黑龙江	5790	1		
上 海	281636	40	11	27.5
江 苏	326446	28	5	17.9
浙 江	609760	15	2	13.3
安 徽	1441148	7	4	57.1
福 建	235226	21	4	19.0
江 西	10035	5	1	20.0
山 东	56241	11	3	27.3
河 南	12184	2	1	50.0
湖 北		1		
湖 南	23087	3		
广 东	3807957	78	36	46.2
广 西		1	1	100.0
海 南	79	1	1	100.0
重 庆	163492	2	2	100.0
四 川	43029	3	1	33.3
贵 州				
云 南				
西 藏				
陕 西	34241	3		
甘 肃				
青 海				
宁 夏				
新 疆				

2-30 各地区港澳台商投资建筑业企业主要经济效益指标

地　区	产值利润率(%)	资本利润率(%)	人均利润(元/人)	资产负债率(%)
全国总计	**4.3**	**26.2**	**24590**	**76.3**
北　京	8.2	49.0	31136	69.3
天　津	-8.2	-3.5	-49313	77.6
河　北	1.9	34.5	10573	89.2
山　西	-8.6	-0.1	-2750	69.0
内蒙古				
辽　宁	5.7	8.5	67834	45.7
吉　林	10.6	58.0	281685	61.4
黑龙江	0.8	1.3	1167	76.3
上　海	6.2	33.2	25741	66.5
江　苏	11.6	34.7	55453	65.3
浙　江	-0.2	-1.9	-1045	80.3
安　徽	18.1	132.6	161648	88.8
福　建	1.6	19.7	5291	73.6
江　西	13.7	132.7	138467	41.0
山　东	3.9	18.3	27950	67.1
河　南	-0.6	-1.5	-1024	89.1
湖　北	0.4	0.2	432	43.4
湖　南	8.6	101.7	52909	67.2
广　东	5.6	20.9	60820	72.7
广　西	-79.7		-16767	99.8
海　南	-0.4	-3.5	-1517	83.9
重　庆	-88.2	-2.2	-620455	68.5
四　川	16.5	30.3	76320	82.7
贵　州				
云　南				
西　藏				
陕　西	3.9	25.3	13421	74.2
甘　肃				
青　海				
宁　夏				
新　疆				

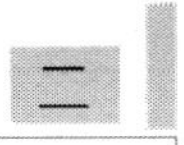

2-31 各地区外商投资建筑业企业签订合同情况

单位：万元

地区	签订合同额	上年结转合同额	本年新签合同额
全国总计	**19185219**	**11118305**	**8066914**
北京	2406607	1300637	1105970
天津	131772	45693	86079
河北	1487		1487
山西			
内蒙古			
辽宁	38663	10358	28305
吉林	11978		11978
黑龙江	12573	3359	9215
上海	2901565	1715560	1186005
江苏	3746328	1274292	2472036
浙江	257832	163247	94585
安徽	33305	15265	18040
福建	231940	8213	223727
江西	296943	175033	121910
山东	399584	121373	278211
河南	305287	265163	40123
湖北	393281	212344	180936
湖南	217460	34443	183016
广东	6736074	5518445	1217629
广西			
海南			
重庆	143948	142169	1779
四川	7766	6169	1597
贵州			
云南			
西藏			
陕西	774816	106540	668276
甘肃	127		127
青海			
宁夏	135883		135883
新疆			

2-32 各地区外商投资建筑业企业承包工程完成情况

单位：万元

地区	直接从建设单位承揽工程完成的产值	自行完成施工产值	分包出去工程的产值	从建设单位以外承揽工程完成的产值
全国总计	**7867053**	**6705794**	**1161259**	**504828**
北京	646893	360207	286686	139939
天津	74059	74059		12549
河北	1322	1322		
山西				
内蒙古				
辽宁	19133	19133		11657
吉林	11978	11978		
黑龙江	7500	7500		
上海	1539102	840180	698922	129748
江苏	2508132	2479022	29110	104377
浙江	142992	142992		7589
安徽	35593	35593		
福建	204427	204427		
江西	122520	122520		
山东	243181	243181		
河南	59795	59795		17387
湖北	218905	218905		38524
湖南	217460	217460		
广东	1451515	1418192	33323	1751
广西				
海南				
重庆	114264	114264		36704
四川	4059	4059		4444
贵州				
云南				
西藏				
陕西	108212	102342	5871	160
甘肃	127	127		
青海				
宁夏	135883	28535	107347	
新疆				

2-33 各地区外商投资企业建筑业总产值和竣工产值

单位：万元

地区	建筑业总产值	#装饰装修产值	#在外省完成的产值	按构成分组			竣工产值
				建筑工程产值	安装工程产值	其他产值	
全国总计	**7210621**	**2131139**	**4344792**	**6066468**	**1012544**	**131609**	**4567756**
北京	500146	48165	248058	492413	6530	1203	498710
天津	86608	2317	48059	22012	55926	8671	6636
河北	1322		564		1322		1322
山西							
内蒙古							
辽宁	30790		7367	13643	15822	1325	19175
吉林	11978				11978		11978
黑龙江	7500		1218	5782	1719		
上海	969928	104218	661888	511043	357524	101360	429798
江苏	2583399	1901481	1729282	2135662	445340	2397	2079840
浙江	150581	30065	52731	146049	4532		63368
安徽	35593			1913	21210	12470	21210
福建	204427		169158	204372	55		
江西	122520		42332	117737	4783		82514
山东	243181	19816	130731	234984	8197		92747
河南	77182	846	54282	46458	30725		45516
湖北	257429		583	257429			10547
湖南	217460		163369	217358		101	217460
广东	1419943	21354	998316	1390771	25091	4082	977004
广西							
海南							
重庆	150968		1567	150968			
四川	8503	198	6122	8503			8503
贵州							
云南							
西藏							
陕西	102501	2554	630	80710	21792		1303
甘肃	127	127		127			127
青海							
宁夏	28535		28535	28535			
新疆							

2-34 各地区外商投资建筑业企业房屋建筑面积

地 区	房 屋 施工面积 (万平方米)	#本年新开工	房 屋 竣工面积 (万平方米)	房屋竣工率 (%)
全国总计	**2377**	**615**	**809**	**34.0**
北 京	415	92	96	23.2
天 津				
河 北				
山 西				
内蒙古				
辽 宁	0		0	100.0
吉 林				
黑龙江				
上 海	92	52	63	68.4
江 苏	111	9	34	30.8
浙 江	102	40	28	27.3
安 徽				
福 建				
江 西	127	26	23	18.4
山 东	49	35	25	51.0
河 南				
湖 北	63	35	8	12.2
湖 南				
广 东	1375	326	532	38.7
广 西				
海 南				
重 庆				
四 川				
贵 州				
云 南				
西 藏				
陕 西	43			
甘 肃				
青 海				
宁 夏				
新 疆				

2-35　各地区按主要用途分的外商投资建筑业企业房屋竣工面积

单位：万平方米

地　区	总计	住宅房屋	商业及服务用房屋	办公用房屋	科研、教育和医疗用房屋
全国总计	**809**	**584**	**31**	**3**	**2**
北　京	96		14		2
天　津					
河　北					
山　西					
内蒙古					
辽　宁	0				
吉　林					
黑龙江					
上　海	63				
江　苏	34	0		0	
浙　江	28	28			
安　徽					
福　建					
江　西	23		17	3	
山　东	25	25			
河　南					
湖　北	8		1		
湖　南					
广　东	532	531			
广　西					
海　南					
重　庆					
四　川					
贵　州					
云　南					
西　藏					
陕　西					
甘　肃					
青　海					
宁　夏					
新　疆					

2-35 续表

单位：万平方米

地　区	文化、体育和娱乐用房屋	厂房及建筑物	仓　库	其他未列明的房屋建筑物
全国总计	**3**	**164**	**15**	**6**
北　京		81	0	
天　津				
河　北				
山　西				
内蒙古				
辽　宁		0		
吉　林				
黑龙江				
上　海		48	15	
江　苏		34		
浙　江				
安　徽				
福　建				
江　西	3			
山　东				
河　南				
湖　北		1		6
湖　南				
广　东		0		
广　西				
海　南				
重　庆				
四　川				
贵　州				
云　南				
西　藏				
陕　西				
甘　肃				
青　海				
宁　夏				
新　疆				

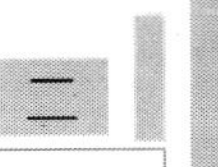

2-36 各地区按主要用途分的外商投资建筑业企业房屋竣工价值

单位：万元

地区	总计	住宅房屋	商业及服务用房屋	办公用房屋	科研、教育和医疗用房屋
全国总计	**1720487**	**1056158**	**51452**	**3124**	**4239**
北京	348413		33086		4239
天津					
河北					
山西					
内蒙古					
辽宁	150				
吉林					
黑龙江					
上海	135884				
江苏	141422	2451		1299	
浙江	58320	58320			
安徽					
福建					
江西	34047		16587	1825	
山东	52425	52425			
河南					
湖北	6078		1780		
湖南					
广东	943748	942962			
广西					
海南					
重庆					
四川					
贵州					
云南					
西藏					
陕西					
甘肃					
青海					
宁夏					
新疆					

2-36 续表

单位：万元

地　区	文化、体育和娱乐用房屋	厂房及建筑物	仓　库	其他未列明的房屋建筑物
全国总计	**15635**	**572389**	**16485**	**1005**
北　京		310899	189	
天　津				
河　北				
山　西				
内蒙古				
辽　宁		150		
吉　林				
黑龙江				
上　海		119589	16295	
江　苏		137672		
浙　江				
安　徽				
福　建				
江　西	15635			
山　东				
河　南				
湖　北		3293		1005
湖　南				
广　东		786		
广　西				
海　南				
重　庆				
四　川				
贵　州				
云　南				
西　藏				
陕　西				
甘　肃				
青　海				
宁　夏				
新　疆				

2-37 各地区外商投资建筑业企业主要生产效益指标

地　区	建筑业企业个数（个）	从事建筑业活动的平均人数（人）	按总产值计算的劳动生产率（元/人）	人均竣工产值（元/人）	人均施工面积（平方米/人）	人均竣工面积（平方米/人）
全国总计	**171**	**118518**	**608399**	**385406**	**200.6**	**68.3**
北　京	20	13490	370753	369688	307.6	71.4
天　津	9	791	1094915	83893		
河　北	1	43	307535	307535		
山　西						
内蒙古						
辽　宁	13	671	458863	285766	0.9	0.9
吉　林	1	334	358620	358620		
黑龙江	3	528	142053			
上　海	40	15135	640851	283976	60.7	41.5
江　苏	30	49907	517643	416743	22.3	6.9
浙　江	2	5047	298357	125555	201.6	55.0
安　徽	3	251	1418028	845008		
福　建	3	1001	2042231			
江　西	2	4118	297523	200374	307.8	56.5
山　东	8	4381	555081	211703	111.1	56.7
河　南	7	1542	500534	295172		
湖　北	3	758	3396157	139140	831.9	101.5
湖　南	1	4478	485618	485618		
广　东	14	10334	1374050	945426	1330.9	514.8
广　西						
海　南						
重　庆	1	1961	769852			
四　川	2	321	264900	264900		
贵　州						
云　南						
西　藏						
陕　西	6	2953	347109	4413	146.3	
甘　肃	1	5	253600	253600		
青　海						
宁　夏	1	469	608429			
新　疆						

2-38 各地区外商投资建筑业企业资产构成

单位：万元

地 区	资产总计	#流动资产合计	#存货
全国总计	**18643759**	**16536106**	**2732816**
北 京	1217063	1068967	212193
天 津	157036	136975	14882
河 北	11308	10327	1140
山 西			
内 蒙 古			
辽 宁	68928	33226	2987
吉 林	21316	17537	1149
黑 龙 江	29660	27164	5014
上 海	1590885	1476024	196031
江 苏	3885323	2920641	147153
浙 江	59089	41765	2890
安 徽	130766	13062	1338
福 建	325256	21342	621
江 西	210534	208185	281
山 东	952392	832366	6999
河 南	325921	260603	10283
湖 北	128728	123924	36766
湖 南	375292	356666	45711
广 东	8598937	8475412	1981599
广 西			
海 南			
重 庆	192621	167022	58747
四 川	38708	31614	1268
贵 州			
云 南			
西 藏			
陕 西	104726	102591	3812
甘 肃	2629	1321	18
青 海			
宁 夏	216643	209372	1937
新 疆			

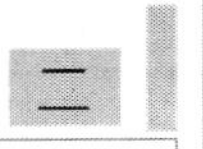

2-39 各地区外商投资建筑业企业固定资产情况

单位：万元

地区	固定资产原价	累计折旧	#本年折旧	在建工程
全国总计	**1065765**	**452019**	**62984**	**85425**
北京	33916	22871	1639	978
天津	22232	17397	3075	1521
河北	2405	2013	41	
山西				
内蒙古				
辽宁	45634	16288	1472	2699
吉林	5106	2551	2551	
黑龙江	4493	2111	65	
上海	39952	25970	2019	778
江苏	458178	179018	9920	31426
浙江	3429	2686	644	
安徽	140354	33274	5769	8522
福建	1013	597	29	
江西	2097	1382	137	
山东	125648	49917	17656	35195
河南	63418	15697	2082	1623
湖北	1990	1164	366	74
湖南	5032	922		2
广东	37571	20075	3513	2609
广西				
海南				
重庆	24293	18392	8256	
四川	6613	3663	505	
贵州				
云南				
西藏				
陕西	4870	4163	1584	
甘肃	69	64		
青海				
宁夏	37454	31805	1664	
新疆				

2-40 各地区外商投资建筑业企业负债及所有者权益

单位：万元

地区	负债合计	#流动负债	#应付账款	所有者权益	#实收资本
全国总计	**13585428**	**12537102**	**4840293**	**5058332**	**1173849**
北京	1069472	673181	312488	147591	116341
天津	86718	85232	44573	70318	30401
河北	734	734	517	10574	4000
山西					
内蒙古					
辽宁	55472	45901	29172	13456	14525
吉林	15293			6023	
黑龙江	25640	25640	10119	4020	5324
上海	1189186	950728	597589	401699	155774
江苏	2183412	2104219	1264685	1701911	136109
浙江	47071	47071	22788	12018	10585
安徽	69842	63658	51164	60925	19323
福建	137392	1812	1517	187865	
江西	183196	183196	98857	27338	17998
山东	639344	634558	396222	313048	14374
河南	236644	178326	81300	89278	31534
湖北	106612	106612	82545	22116	10320
湖南	214052	214052	61876	161240	5691
广东	6994639	6941595	1611083	1604298	551247
广西					
海南					
重庆	159827	148678	94972	32794	10000
四川	13748	12967	4505	24960	6000
贵州					
云南					
西藏					
陕西	31616	21044	7907	73110	3803
甘肃	3	3	1	2626	500
青海					
宁夏	125517	97897	66413	91126	30000
新疆					

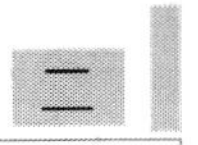

2-41 各地区外商投资建筑业企业收入情况

单位：万元

地区	主营业务收入	主营业务成本	主营业务税金及附加
全国总计	**8232698**	**7201713**	**21963**
北京	904341	816545	1859
天津	108015	83299	498
河北	1451	1016	3
山西			
内蒙古			
辽宁	29602	18910	145
吉林	11500	9934	77
黑龙江	11147	10522	69
上海	1929318	1707735	4059
江苏	2291004	1942141	5222
浙江	120891	109442	252
安徽	35475	18632	87
福建	137273	127320	256
江西	73892	69911	201
山东	106053	73361	426
河南	77341	54063	592
湖北	134788	120604	1438
湖南	217460	159903	1502
广东	1615057	1525315	2793
广西			
海南			
重庆	162481	147347	386
四川	14812	12137	141
贵州			
云南			
西藏			
陕西	114800	97835	1185
甘肃	116	87	0
青海			
宁夏	135883	95655	773
新疆			

2-42 各地区外商投资建筑业企业费用情况

单位：万元

地区	管理费用	销售费用	研发费用	财务费用	#利息收入	#利息支出
全国总计	**399455**	**72298**	**150308**	**12317**	**3915**	**24367**
北　京	50991	16518	8599	4600	587	4973
天　津	9910	3327	3148	134	174	251
河　北	348			0	0	
山　西						
内蒙古						
辽　宁	4779	122	520	617	32	645
吉　林	834			148		
黑龙江	2284	40	1	302	202	4
上　海	89017	12128	10070	-6119	-1365	624
江　苏	155961	32438	63495	1470	4247	5403
浙　江	10565			292	0	292
安　徽	3713	289		40	36	1
福　建	1766	1161		91		
江　西	4277		320	1097	44	1135
山　东	5527	1372	1665	586	11	587
河　南	6463	1345	2281	622	53	223
湖　北	1222	21		345	1	301
湖　南	8453	731	6024	-1066	1127	
广　东	30831	2494	49765	9830	-1178	9339
广　西						
海　南						
重　庆	2639		4019	257	127	285
四　川	846	311	401	304	2	304
贵　州						
云　南						
西　藏						
陕　西	3979	1		-1701	-185	
甘　肃	22	2		0		
青　海						
宁　夏	5028			470		
新　疆						

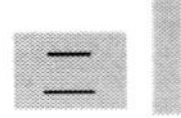

2-43 各地区外商投资建筑业企业利润及税金情况

单位：万元

地　区	利润总额	#所得税费用	税金总额	主营业务税金及附加	应交增值税
全国总计	**471454**	**100340**	**157829**	**21963**	**135866**
北　京	3731	4320	13783	1859	11924
天　津	8120	969	3295	498	2797
河　北	101		26	3	23
山　西					
内蒙古					
辽　宁	5633	1578	1349	145	1204
吉　林	513	131	366	77	290
黑龙江	245	31	1474	69	1405
上　海	140262	33051	22668	4059	18609
江　苏	160811	23927	42595	5222	37374
浙　江	255	56	2692	252	2441
安　徽	13017	3175	854	87	767
福　建	5209	1245	2159	256	1904
江　西	-2104	436	2396	201	2195
山　东	20285	5733	2383	426	1957
河　南	9899	2073	3844	592	3252
湖　北	11146	2734	12124	1438	10686
湖　南	41902	10534	12972	1502	11470
广　东	-1201	2096	21829	2793	19036
广　西					
海　南					
重　庆	8189	0	1441	386	1055
四　川	680	35	495	141	354
贵　州					
云　南					
西　藏					
陕　西	16461	3968	3601	1185	2417
甘　肃	5		1	0	1
青　海					
宁　夏	28296	4249	5483	773	4709
新　疆					

2-44 各地区外商投资建筑业企业应收工程款及企业亏损情况

地　区	应收工程款（万元）	企业个数（个）	#亏损企业个数	亏损企业的比重（%）
全国总计	**4087315**	**171**	**43**	**25.1**
北　京	429632	20	9	45.0
天　津	25171	9	1	11.1
河　北	529	1		
山　西				
内蒙古				
辽　宁	9840	13	5	38.5
吉　林	11978	1		
黑龙江	14864	3		
上　海	359414	40	11	27.5
江　苏	1129812	30	7	23.3
浙　江	31691	2		
安　徽	3360	3		
福　建	18875	3		
江　西	47706	2	1	50.0
山　东	362298	8	1	12.5
河　南	113527	7	1	14.3
湖　北	74510	3		
湖　南		1		
广　东	1270824	14	6	42.9
广　西				
海　南				
重　庆	51248	1		
四　川	7619	2		
贵　州				
云　南				
西　藏				
陕　西	21482	6	1	16.7
甘　肃	278	1		
青　海				
宁　夏	102659	1		
新　疆				

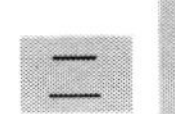

2-45 各地区外商投资建筑业企业主要经济效益指标

地 区	产值利润率(%)	资本利润率(%)	人均利润(元/人)	资产负债率(%)
全国总计	**6.5**	**40.2**	**39779**	**72.9**
北 京	0.7	3.2	2766	87.9
天 津	9.4	26.7	102654	55.2
河 北	7.6	2.5	23512	6.5
山 西				
内 蒙 古				
辽 宁	18.3	38.8	83949	80.5
吉 林	4.3		15350	71.7
黑 龙 江	3.3	4.6	4644	86.4
上 海	14.5	90.0	92674	74.7
江 苏	6.2	118.1	32222	56.2
浙 江	0.2	2.4	505	79.7
安 徽	36.6	67.4	518614	53.4
福 建	2.5		52035	42.2
江 西	-1.7	-11.7	-5109	87.0
山 东	8.3	141.1	46302	67.1
河 南	12.8	31.4	64198	72.6
湖 北	4.3	108.0	147041	82.8
湖 南	19.3	736.2	93573	57.0
广 东	-0.1	-0.2	-1162	81.3
广 西				
海 南				
重 庆	5.4	81.9	41761	83.0
四 川	8.0	11.3	21171	35.5
贵 州				
云 南				
西 藏				
陕 西	16.1	432.8	55742	30.2
甘 肃	3.5	0.9	9000	
青 海				
宁 夏	99.2	94.3	603324	57.9
新 疆				

三、中央和地方建筑业企业

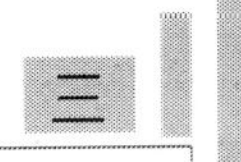

3-1 各地区中央建筑业企业签订合同情况

单位：万元

地　　区	签订合同额	上年结转合同额	本年新签合同额
全国总计	**2741626394**	**1570030660**	**1171595734**
北　　京	379447034	236478838	142968196
天　　津	143708697	73788561	69920136
河　　北	72858942	40857900	32001043
山　　西	51296680	28074122	23222558
内 蒙 古	15094259	8086957	7007302
辽　　宁	47041829	21230966	25810863
吉　　林	9652434	4432248	5220186
黑 龙 江	4925784	2777714	2148071
上　　海	232666823	143966505	88700319
江　　苏	79358693	44799909	34558784
浙　　江	16794090	8923237	7870852
安　　徽	89946825	39247529	50699295
福　　建	56275001	35522665	20752335
江　　西	24536730	13332794	11203936
山　　东	144865109	75867273	68997836
河　　南	114399496	62717629	51681867
湖　　北	363697405	211664615	152032791
湖　　南	149936333	89445270	60491063
广　　东	331764293	196819359	134944934
广　　西	20271800	13526977	6744823
海　　南	1808102	605030	1203072
重　　庆	52356443	30196694	22159749
四　　川	97614662	59210605	38404058
贵　　州	51335814	26851633	24484182
云　　南	23729538	16910838	6818700
西　　藏	361929	198181	163748
陕　　西	122556687	60382889	62173798
甘　　肃	11096805	5689384	5407421
青　　海	13437195	6880814	6556380
宁　　夏	2609373	1013013	1596360
新　　疆	16181589	10530513	5651076

3-2 各地区中央建筑业企业承包工程完成情况

单位：万元

地　区	直接从建设单位承揽工程完成的产值	自行完成施工产值	分包出去工程的产值	从建设单位以外承揽工程完成的产值
全国总计	**716883386**	**640293100**	**76590286**	**97751063**
北　京	99881754	73340324	26541430	16336892
天　津	38768591	32656344	6112247	1917636
河　北	18276629	17625651	650978	1704136
山　西	17694769	17325904	368865	1252870
内蒙古	3790521	3790521		102244
辽　宁	14929312	14531258	398054	2710544
吉　林	2541822	2421647	120175	1639155
黑龙江	1560752	1458578	102173	14006
上　海	48518860	39599007	8919853	4724929
江　苏	27150938	26133640	1017298	4468835
浙　江	4980911	3902775	1078137	3284880
安　徽	22455997	21589669	866328	4842129
福　建	16419258	16395403	23855	4388015
江　西	7905394	7905394		542921
山　东	42940066	34067348	8872717	6005604
河　南	34958393	34851073	107320	1175974
湖　北	87145316	85749487	1395829	3654620
湖　南	33215815	33215815		3289446
广　东	89470084	72531769	16938316	16182358
广　西	9533441	7994565	1538876	2426036
海　南	366896	366896		8560
重　庆	11680974	11363147	317826	4926747
四　川	22390453	21824844	565608	901697
贵　州	12257059	12257059		600944
云　南	4752662	4752662		762072
西　藏	97221	90535	6686	17667
陕　西	32003788	31855184	148604	9730919
甘　肃	2617927	2608771	9156	1730
青　海	2836990	2718234	118756	31919
宁　夏	1161839	920202	241637	
新　疆	4578955	4449392	129563	105579

3-3 各地区中央企业建筑业总产值和竣工产值

单位：万元

地 区	建筑业总产值	#装饰装修产值	#在外省完成的产值	按构成分组			竣工产值
				建筑工程产值	安装工程产值	其他产值	
全国总计	**738044163**	**12424754**	**487603331**	**666822680**	**58279385**	**12942098**	**239332827**
北 京	89677216	3114328	81158086	84192449	4802733	682034	42153591
天 津	34573980	67745	29728227	32277809	1626998	669173	10584034
河 北	19329787	289757	13992686	14710412	4160841	458534	3926185
山 西	18578774	90279	15001669	17134994	1188434	255347	1759805
内蒙古	3892765	83246	3271929	3786285	106481		1126309
辽 宁	17241802	49510	10794280	14621627	2266288	353887	3760760
吉 林	4060802	194696	1915815	3033109	920017	107677	611667
黑龙江	1472585		421434	691488	767785	13312	1076649
上 海	44323936	1642076	37178861	40901970	2596601	825365	14422840
江 苏	30602475	4886	17046235	27037401	3203384	361690	12031894
浙 江	7187654	692248	2356999	5800387	1336031	51237	1717320
安 徽	26431798	69125	15865418	23765990	1939278	726531	8705387
福 建	20783418	59811	8071692	19540026	1184544	58849	5694584
江 西	8448315	71142	5464424	6564571	1563275	320469	1299232
山 东	40072953	785253	21961200	36107122	3463792	502038	8139885
河 南	36027048	710440	21984694	32239396	3070822	716830	10215260
湖 北	89404107	1141712	65350391	81558621	6869131	976355	38090005
湖 南	36505261	448323	28763825	33447940	2182105	875216	20502903
广 东	88714127	2022764	32518500	82608806	5296347	808973	23759369
广 西	10420602	45637	4815424	9494499	315112	610991	1013086
海 南	375456	20139	86413	352316	1338	21802	67884
重 庆	16289894	226120	9565383	15281343	574743	433808	6247542
四 川	22726541	231520	11025714	19428484	1696142	1601916	7695527
贵 州	12858002	47372	9769561	9781160	2582440	494403	1136083
云 南	5514734	24416	3013551	5239871	191241	83622	359768
西 藏	108201		8002	57135	51067		19825
陕 西	41586104	244915	30877502	38110620	2704222	771262	9150679
甘 肃	2610501	44408	1117673	2125952	428193	56356	600062
青 海	2750153		2263119	2451820	230480	67853	1640025
宁 夏	920202		579099	566457	330929	22817	341410
新 疆	4554970	2890	1635526	3912623	628594	13754	1483262

3-4 各地区中央建筑业企业房屋建筑面积

地 区	房 屋 施工面积 (万平方米)	#本年新开工	房 屋 竣工面积 (万平方米)	房屋竣工率 (%)
全国总计	**339020**	**70406**	**52976**	**15.6**
北 京	65178	11323	9472	14.5
天 津	12579	2754	2385	19.0
河 北	5796	1311	468	8.1
山 西	3879	844	677	17.4
内蒙古	3623	83	283	7.8
辽 宁	3059	697	296	9.7
吉 林	511	97	45	8.9
黑龙江	67	15	1	0.9
上 海	24635	4183	2987	12.1
江 苏	7458	1484	1199	16.1
浙 江	3052	173	156	5.1
安 徽	10127	3490	2491	24.6
福 建	10241	2831	1006	9.8
江 西	1099	175	81	7.3
山 东	20505	6151	2069	10.1
河 南	24785	1502	1134	4.6
湖 北	40378	7341	9858	24.4
湖 南	28881	5822	6140	21.3
广 东	42904	12211	7858	18.3
广 西	1279	389	158	12.4
海 南	157	111	40	25.4
重 庆	4195	1136	885	21.1
四 川	9369	3199	1529	16.3
贵 州	2034	634	291	14.3
云 南	194	87	92	47.3
西 藏				
陕 西	7972	1579	853	10.7
甘 肃	767	89	28	3.7
青 海	279	103	23	8.4
宁 夏	48	4	3	5.3
新 疆	3971	587	469	11.8

3-5 各地区按主要用途分的中央建筑业企业房屋竣工面积

单位：万平方米

地　区	总计	住宅房屋	商业及服务用房屋	办公用房　屋	科研、教育和医疗用房屋
全国总计	**52976**	**31101**	**5549**	**2499**	**3818**
北　京	9472	5797	1010	412	795
天　津	2385	2022	28	32	86
河　北	468	294	24	2	53
山　西	677	485	19	17	52
内 蒙 古	283	222		3	6
辽　宁	296	210	15	3	5
吉　林	45	41		0	
黑 龙 江	1				
上　海	2987	1643	460	7	77
江　苏	1199	880	21	80	74
浙　江	156	72	10	2	16
安　徽	2491	1579	40	83	116
福　建	1006	704	80	0	10
江　西	81	16	7	0	0
山　东	2069	1038	547	31	240
河　南	1134	427	82	49	74
湖　北	9858	4134	1859	1142	819
湖　南	6140	3968	448	255	276
广　东	7858	5147	533	223	550
广　西	158	72	9	0	55
海　南	40	26	7	2	
重　庆	885	503	121	14	14
四　川	1529	824	88	88	316
贵　州	291	107	19	37	43
云　南	92	2	69	2	8
西　藏					
陕　西	853	513	47	9	70
甘　肃	28	7	3	2	4
青　海	23	16		1	6
宁　夏	3	3			
新　疆	469	351	1	3	54

3-5 续表

单位：万平方米

地　区	文化、体育和娱乐用房屋	厂房及建筑物	仓　库	其他未列明的房屋建筑物
全国总计	**736**	**5615**	**338**	**3322**
北　京	94	968	4	393
天　津	34	154	5	25
河　北	6	58	1	30
山　西	7	62	8	27
内蒙古	15	16		21
辽　宁		46	1	17
吉　林	4			
黑龙江				1
上　海	92	449	73	186
江　苏	11	129		3
浙　江	0	55		1
安　徽	24	110	20	519
福　建	30	174		7
江　西		56	1	
山　东	70	101	0	43
河　南	47	293	0	162
湖　北	112	586	36	1171
湖　南	73	524	38	557
广　东	67	1242	64	32
广　西		22		1
海　南		6		
重　庆	1	204		28
四　川	12	119	59	23
贵　州	12	5	10	57
云　南	0	7	2	0
西　藏				
陕　西	11	186	0	16
甘　肃	7	5		0
青　海		1		0
宁　夏				
新　疆	7	37	15	2

3-6　各地区按主要用途分的中央建筑业企业房屋竣工价值

单位：万元

地　区	总计	住宅房屋	商业及服务用房屋	办公用房　屋	科研、教育和医疗用房屋
全国总计	**131852335**	**66648993**	**15654042**	**8041905**	**13706166**
北　京	28341019	15427049	3518507	1479980	3308292
天　津	4309181	2998213	107851	152386	286512
河　北	955607	295468	233477	13524	115137
山　西	1248651	809293	40708	35413	103381
内蒙古	657923	486144		12073	29966
辽　宁	800604	461540	108405	12587	19604
吉　林	117172	91611		214	
黑龙江	1685				
上　海	9055602	3347815	2304326	26121	254079
江　苏	2342881	1696433	45987	183246	205141
浙　江	349459	141450	19090	5466	36193
安　徽	4442922	3186364	95023	230899	278261
福　建	3245274	1877440	264544	1500	97846
江　西	142948	52595	25669	315	220
山　东	5720985	2504225	1066800	90392	1118352
河　南	2563425	922032	105690	99450	235961
湖　北	23763335	8599189	4290418	4031813	2317369
湖　南	14800382	8222104	1184062	720383	924754
广　东	17306457	10198531	1444951	460732	2239969
广　西	446285	45348	21247	654	295868
海　南	90769	42700	23558	11491	
重　庆	2890611	1590446	238819	64729	63904
四　川	3970104	1953427	226892	240445	1029407
贵　州	948269	240576	45872	104804	182580
云　南	123672	5099	46510	1389	43130
西　藏					
陕　西	1944750	779210	177243	45185	375184
甘　肃	272505	20469	5842	5634	3849
青　海	59268	28352		3305	21447
宁　夏	10726	10726			
新　疆	929865	615145	12550	7776	119759

3-6 续表

单位：万元

地　区	文化、体育和娱乐用房屋	厂房及建筑物	仓　库	其他未列明的房屋建筑物
全国总计	**3227906**	**14101705**	**829597**	**9642022**
北　京	512788	2636832	18540	1439031
天　津	246032	419249	42133	56805
河　北	12114	126183	5118	154587
山　西	5003	121525	29749	103580
内蒙古	74963	30021		24756
辽　宁		79369	1641	117457
吉　林	25347			
黑龙江				1685
上　海	361439	927714	135409	1698699
江　苏	44950	148322		18802
浙　江	2300	143326		1635
安　徽	11109	282040	12412	346814
福　建	311384	687344		5215
江　西		55632	8516	
山　东	262016	613091	629	65480
河　南	91134	591248	3571	514339
湖　北	450469	1638712	103300	2332064
湖　南	207530	1362863	73879	2104807
广　东	351707	2373348	186139	51080
广　西		80539		2628
海　南		13020		
重　庆	22287	807608		102819
四　川	81362	290104	99678	48790
贵　州	35211	16376	28126	294724
云　南	79	20903	5915	648
西　藏				
陕　西	54858	394777	70	118224
甘　肃	52069	177393		7249
青　海		2206		3958
宁　夏				
新　疆	11756	61962	74775	26143

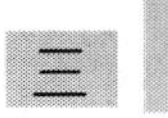

3-7 各地区中央建筑业企业主要生产效益指标

地　区	建筑业企业个数(个)	从事建筑业活动的平均人数(人)	按总产值计算的劳动生产率(元/人)	人均竣工产值(元/人)	人均施工面积(平方米/人)	人均竣工面积(平方米/人)
全国总计	**1634**	**9050838**	**815443**	**264432**	**374.6**	**58.5**
北　京	162	1204973	744226	349830	540.9	78.6
天　津	79	311661	1109346	339601	403.6	76.5
河　北	58	195568	988392	200758	296.4	23.9
山　西	47	383803	484071	45852	101.1	17.6
内蒙古	4	37804	1029723	297934	958.5	74.9
辽　宁	71	162434	1061465	231525	188.3	18.2
吉　林	32	33995	1194529	179928	150.3	13.3
黑龙江	16	26298	559961	409403	25.3	0.2
上　海	59	410330	1080202	351494	600.4	72.8
江　苏	66	358153	854453	335943	208.2	33.5
浙　江	46	84009	855581	204421	363.3	18.6
安　徽	54	291159	907813	298991	347.8	85.6
福　建	50	581443	357446	97939	176.1	17.3
江　西	28	61850	1365936	210062	177.7	13.0
山　东	96	409183	979341	198930	501.1	50.6
河　南	63	412077	874280	247897	601.5	27.5
湖　北	86	773227	1156247	492611	522.2	127.5
湖　南	34	456370	799905	449261	632.8	134.5
广　东	214	1111529	798127	213754	386.0	70.7
广　西	38	144848	719416	69941	88.3	10.9
海　南	8	2561	1466052	265068	613.6	155.7
重　庆	52	212324	767219	294246	197.6	41.7
四　川	51	357369	635940	215338	262.2	42.8
贵　州	21	193750	663639	58637	105.0	15.0
云　南	24	90537	609114	39737	21.4	10.1
西　藏	7	1165	928767	170174		
陕　西	96	600896	692068	152284	132.7	14.2
甘　肃	21	22633	1153405	265127	338.8	12.4
青　海	9	18362	1497741	893162	151.8	12.8
宁　夏	6	10628	865828	321236	44.8	2.4
新　疆	36	89899	506676	164992	441.7	52.2

3-8 各地区中央建筑业企业资产构成

单位：万元

地区	资产总计	#流动资产合计	#存货
全国总计	**1032304642**	**721844541**	**21210834**
北京	247062834	135768375	1684068
天津	60084044	42755570	1240639
河北	22184032	18881712	1441179
山西	36485672	28180675	872489
内蒙古	2473677	1964966	79796
辽宁	22111892	19074855	742576
吉林	4130773	3368034	306308
黑龙江	3943361	3624373	605441
上海	70799953	50739046	882601
江苏	25974125	21493682	832710
浙江	7871276	6410026	509808
安徽	28928328	21817586	1077258
福建	13291922	10573391	661009
江西	8729384	7825277	261417
山东	45839199	35132346	1730794
河南	35945137	29722065	902620
湖北	102851889	73343832	1950466
湖南	36977799	26167256	687870
广东	110651987	78275723	1302265
广西	11386989	7518989	165852
海南	472827	416573	5111
重庆	15655571	10028480	307456
四川	29167099	20469968	738073
贵州	20361432	17573913	565651
云南	7345422	5255705	110535
西藏	661986	487593	394
陕西	45211997	33581569	1101483
甘肃	3838776	2582886	82866
青海	4622482	2944518	179469
宁夏	941797	801082	29927
新疆	6300982	5064478	152705

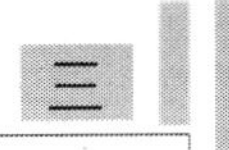

3-9 各地区中央建筑业企业固定资产情况

单位：万元

地　区	固定资产原价	累计折旧	#本年折旧	在建工程
全国总计	**55693180**	**31978156**	**4028189**	**1894229**
北　京	6274987	3466883	486464	242761
天　津	5542938	3050886	332737	118652
河　北	2579513	1816555	108805	21611
山　西	2715945	1845272	365454	9742
内蒙古	144123	84735	8709	
辽　宁	1734072	1139396	107942	35859
吉　林	375169	217839	26039	111
黑龙江	580302	411330	21916	9440
上　海	3418837	1867482	243834	80374
江　苏	2649699	1393980	198244	190800
浙　江	604553	322160	43509	11688
安　徽	1507972	788277	94018	30750
福　建	810293	478874	63813	6108
江　西	655913	434144	56722	137645
山　东	2672957	1619048	250043	84336
河　南	2312344	1454784	162266	31959
湖　北	5214013	2820145	376711	263597
湖　南	2379667	1176953	182140	97726
广　东	4409170	2129758	351989	294280
广　西	673036	423506	25897	12001
海　南	18313	14529	3216	
重　庆	1254378	817129	92044	44304
四　川	1488291	932422	83452	40159
贵　州	569317	276173	35238	2521
云　南	456081	251612	36109	31615
西　藏	33812	18897	14691	
陕　西	3365949	2042067	205397	56201
甘　肃	259177	169821	14336	17747
青　海	462287	251195	16030	16434
宁　夏	105353	53626	2138	
新　疆	424722	208680	18287	5809

3-10 各地区中央建筑业企业负债及所有者权益

单位：万元

地区	负债合计	#流动负债	#应付账款	所有者权益	#实收资本
全国总计	**802434012**	**732923836**	**339940139**	**229870630**	**91219186**
北京	165053340	149210080	59953576	82009494	21721212
天津	47563114	44558399	18310282	12520930	5772256
河北	18240201	16894170	7418035	3943830	2368461
山西	31351384	29162851	12895590	5134289	2585036
内蒙古	2128263	2078147	843348	345414	196034
辽宁	19388710	18343429	8013819	2723182	2159180
吉林	3503662	3247581	1763325	627111	424944
黑龙江	4210185	4172179	1699506	-266823	557393
上海	55491431	54271519	27510138	15308522	6886089
江苏	20645470	19506398	9438002	5328655	2629369
浙江	6169747	5741505	3155888	1701529	874881
安徽	23622968	22547804	10028644	5305360	2220077
福建	10704725	9220076	5549312	2587197	1230404
江西	8000323	7493360	3751343	729060	598264
山东	37408251	34427369	17803442	8430948	3807162
河南	29930645	28069252	12741769	6014493	2925969
湖北	80551960	69808127	34919493	22299929	7267824
湖南	29469788	27077656	14652399	7508011	3232792
广东	89535657	78257432	38593866	21116330	9590952
广西	8479335	7461280	2682440	2907654	1423438
海南	400638	254542	126147	72189	43471
重庆	12802079	10971176	5147464	2853491	1429802
四川	24377683	23091166	12082906	4789416	2616770
贵州	17906464	17020283	6796633	2454968	1883948
云南	5768135	4640198	1785743	1577287	551252
西藏	453079	276391	88812	208907	120371
陕西	36571393	33611004	16295015	8640604	4511035
甘肃	3336902	3080418	1554830	501874	339612
青海	3492679	2863247	1605798	1129802	306772
宁夏	724247	719646	360694	217551	156753
新疆	5151554	4847152	2371881	1149428	787664

3-11　各地区中央建筑业企业收入情况

单位：万元

地　　区	主营业务 收　　入	主营业务 成　　本	主营业务 税金及附加
全国总计	**746942057**	**691531201**	**1386829**
北　　京	115186115	105648276	219055
天　　津	36929578	33931815	64760
河　　北	18410963	16445562	35603
山　　西	23274917	21703359	43183
内 蒙 古	2703217	2538224	8707
辽　　宁	14459330	13499274	32253
吉　　林	3887846	3660379	10481
黑 龙 江	2140250	2058716	4516
上　　海	66852127	62893797	103776
江　　苏	27084247	25097423	40825
浙　　江	7193179	6758502	14746
安　　徽	27405378	25623767	46194
福　　建	13671359	12813358	24033
江　　西	6228136	5758596	12279
山　　东	44370579	41880116	81856
河　　南	29684605	27568427	51921
湖　　北	82252229	75358816	197015
湖　　南	30356708	27743386	55995
广　　东	86313723	80307091	123047
广　　西	7081414	6293172	10716
海　　南	350132	320636	573
重　　庆	9968311	9187347	17218
四　　川	24101457	22376407	36512
贵　　州	11913346	11160565	48272
云　　南	3976555	3535668	10630
西　　藏	186180	167242	800
陕　　西	37995523	35322038	60074
甘　　肃	2772330	2561973	7368
青　　海	4295335	3909686	9723
宁　　夏	1155527	1099352	3425
新　　疆	4741460	4308234	11277

3-12 各地区中央建筑业企业费用情况

单位：万元

地区	管理费用	销售费用	研发费用	财务费用	#利息收入	#利息支出
全国总计	**12161970**	**940032**	**17437433**	**2888347**	**3078226**	**4949972**
北京	2214488	207796	3208940	542516	1123748	1433191
天津	587657	59454	1146458	125427	152732	257815
河北	424938	46221	406941	98019	22484	73281
山西	284959	8090	593302	90771	72544	139123
内蒙古	40367	7401	3558	15376	1389	15988
辽宁	383289	10035	217934	131162	21003	93960
吉林	96105	1425	77414	10433	4797	10620
黑龙江	56147	5303	21150	11004	1775	11172
上海	834798	121466	1244460	171693	204518	318657
江苏	431177	44490	586243	54004	62981	79876
浙江	171748	6620	177074	-4350	25282	22008
安徽	342472	10584	644915	58349	29495	55339
福建	157682	9447	286218	31271	20324	40418
江西	188965	17605	147634	30801	22234	34275
山东	523738	73654	962289	100042	126296	172626
河南	457547	18149	728028	166203	57611	200595
湖北	1211392	60486	2099325	217266	307588	446814
湖南	442244	17224	931908	158607	106618	216011
广东	1189708	53210	1637062	423010	346388	631351
广西	142329	5836	108869	64322	14211	68228
海南	5300	82	9295	1602	1155	2166
重庆	214961	32446	220568	69739	33280	60213
四川	489942	52144	590041	12208	120289	126580
贵州	196736	2315	178224	129549	12543	133914
云南	123309	3792	131244	45846	8357	56313
西藏	10539	500		-2769	16243	13200
陕西	632542	59391	777920	79762	130499	166397
甘肃	58112	3962	31587	5774	4469	5893
青海	112266	433	143369	20083	19668	32723
宁夏	21497	62	19716	2445	1423	1437
新疆	115016	412	105748	28183	6284	29789

3-13 各地区中央建筑业企业利润及税金情况

单位：万元

地 区	利润总额	#所得税费用	税金总额	主营业务税金及附加	应交增值税
全国总计	**21985305**	**2253996**	**9534021**	**1386829**	**8147192**
北 京	5539150	342174	1351526	219055	1132471
天 津	882447	101044	408179	64760	343419
河 北	420834	81750	253304	35603	217702
山 西	485198	25598	264637	43183	221454
内蒙古	56689	20170	45363	8707	36657
辽 宁	-6522	13139	258091	32253	225838
吉 林	55367	8456	79902	10481	69421
黑龙江	-9456	5768	45782	4516	41266
上 海	1604967	197561	561881	103776	458105
江 苏	833686	105410	315178	40825	274353
浙 江	132229	24158	146921	14746	132176
安 徽	838408	102263	347508	46194	301314
福 建	333772	37469	181192	24033	157159
江 西	142157	24018	114743	12279	102464
山 东	1319930	131534	483831	81856	401975
河 南	536891	63136	327793	51921	275873
湖 北	2842803	242676	1247600	197015	1050585
湖 南	964430	102743	491743	55995	435748
广 东	2250644	290790	1074764	123047	951716
广 西	456751	53377	145685	10716	134970
海 南	13223	1431	5105	573	4533
重 庆	248082	34903	179719	17218	162502
四 川	618882	94033	365965	36512	329452
贵 州	98891	-4505	175103	48272	126831
云 南	84157	11737	65054	10630	54424
西 藏	8993	862	2534	800	1734
陕 西	911527	101379	418370	60074	358296
甘 肃	74286	5481	43609	7368	36241
青 海	109361	12697	46005	9723	36282
宁 夏	10130	1385	7568	3425	4143
新 疆	127400	21362	79369	11277	68092

3-14 各地区中央建筑业企业应收工程款及企业亏损情况

地 区	应收工程款 (万元)	企业个数 (个)	#亏损企业个数	亏损企业的比重 (%)
全国总计	**160407087**	**1634**	**125**	**7.6**
北 京	27991537	162	24	14.8
天 津	8867856	79	5	6.3
河 北	3718258	58	8	13.8
山 西	6750147	47	2	4.3
内蒙古	409606	4		
辽 宁	4301835	71	10	14.1
吉 林	884103	32	2	6.3
黑龙江	480728	16	4	25.0
上 海	9142997	59	2	3.4
江 苏	4612042	66	2	3.0
浙 江	1646127	46	2	4.3
安 徽	5588350	54	1	1.9
福 建	2116558	50	2	4.0
江 西	2112006	28		
山 东	6569094	96	8	8.3
河 南	8026528	63	5	7.9
湖 北	17642656	86	6	7.0
湖 南	5866678	34	1	2.9
广 东	17520435	214	12	5.6
广 西	1433156	38	4	10.5
海 南	90092	8		
重 庆	3526738	52	3	5.8
四 川	4824894	51	4	7.8
贵 州	3764564	21	3	14.3
云 南	1827339	24	2	8.3
西 藏	76820	7		
陕 西	7819857	96	9	9.4
甘 肃	759754	21	1	4.8
青 海	607099	9	1	11.1
宁 夏	211101	6		
新 疆	1218133	36	2	5.6

3-15 各地区中央建筑业企业主要经济效益指标

地　区	产值利润率 (%)	资本利润率 (%)	人均利润 (元/人)	资产负债率 (%)
全国总计	**3.0**	**24.1**	**24291**	**77.7**
北　京	6.2	25.5	45969	66.8
天　津	2.6	15.3	28314	79.2
河　北	2.2	17.8	21519	82.2
山　西	2.6	18.8	12642	85.9
内蒙古	1.5	28.9	14995	86.0
辽　宁		-0.3	-402	87.7
吉　林	1.4	13.0	16287	84.8
黑龙江	-0.6	-1.7	-3596	106.8
上　海	3.6	23.3	39114	78.4
江　苏	2.7	31.7	23277	79.5
浙　江	1.8	15.1	15740	78.4
安　徽	3.2	37.8	28796	81.7
福　建	1.6	27.1	5740	80.5
江　西	1.7	23.8	22984	91.6
山　东	3.3	34.7	32258	81.6
河　南	1.5	18.3	13029	83.3
湖　北	3.2	39.1	36765	78.3
湖　南	2.6	29.8	21133	79.7
广　东	2.5	23.5	20248	80.9
广　西	4.4	32.1	31533	74.5
海　南	3.5	30.4	51632	84.7
重　庆	1.5	17.4	11684	81.8
四　川	2.7	23.7	17318	83.6
贵　州	0.8	5.2	5104	87.9
云　南	1.5	15.3	9295	78.5
西　藏	8.3	7.5	77191	68.4
陕　西	2.2	20.2	15169	80.9
甘　肃	2.8	21.9	32822	86.9
青　海	4.0	35.6	59558	75.6
宁　夏	1.1	6.5	9531	76.9
新　疆	2.8	16.2	14171	81.8

3-16 各地区地方建筑业企业签订合同情况

单位：万元

地　区	签订合同额	上年结转合同额	本年新签合同额
全国总计	**4546292930**	**2154397351**	**2391895579**
北　京	122092851	68285049	53807802
天　津	31772589	15361484	16411105
河　北	102359157	50162895	52196262
山　西	87122768	34121666	53001102
内蒙古	25073695	12104830	12968865
辽　宁	39207016	14966248	24240768
吉　林	35943464	17712223	18231242
黑龙江	29006759	14558473	14448286
上　海	152810391	88106687	64703704
江　苏	562461751	221579685	340882066
浙　江	460887864	239573909	221313955
安　徽	181393498	84180312	97213186
福　建	257064964	111349359	145715606
江　西	160795757	65366899	95428858
山　东	262334968	111994227	150340741
河　南	153777443	75224635	78552808
湖　北	202377144	82900839	119476305
湖　南	170614003	70255037	100358967
广　东	426197940	241415220	184782720
广　西	100769728	58977671	41792057
海　南	14018465	8339827	5678639
重　庆	120692146	50181488	70510657
四　川	361317107	187955709	173361397
贵　州	82608993	56946669	25662323
云　南	129199191	55405850	73793341
西　藏	4448638	2573950	1874688
陕　西	140770554	54365505	86405049
甘　肃	49618946	22615976	27002970
青　海	9539790	4796609	4743182
宁　夏	10816802	4557125	6259677
新　疆	59198549	28461296	30737253

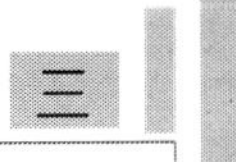

3-17 各地区地方建筑业企业承包工程完成情况

单位：万元

地区	直接从建设单位承揽工程完成的产值	自行完成施工产值	分包出去工程的产值	从建设单位以外承揽工程完成的产值
全国总计	**2290736354**	**2224768532**	**65967821**	**181122616**
北京	47665377	44728162	2937215	8779381
天津	14192066	12735554	1456512	3726206
河北	52118232	51603360	514872	1657022
山西	40494014	39942520	551495	3075047
内蒙古	11433884	10885255	548629	214570
辽宁	25468548	25058845	409704	1077910
吉林	17110754	17057905	52849	1072701
黑龙江	12876302	12848284	28018	251010
上海	61663141	44752322	16910819	11756765
江苏	360321601	359080654	1240947	32829373
浙江	225001229	220847287	4153941	16523023
安徽	86946057	85865796	1080261	11745172
福建	145981430	145533101	448329	7638095
江西	95824549	94479041	1345508	5093097
山东	145904673	140345239	5559434	7400743
河南	76371248	75432649	938599	3472310
湖北	111319091	109968162	1350929	8415572
湖南	112146557	111076776	1069782	4009701
广东	165142789	149913301	15229488	15364623
广西	43471849	43008622	463227	3464308
海南	4755242	4336596	418646	213675
重庆	75041421	73629391	1412030	5442185
四川	144306227	138433642	5872585	11565179
贵州	26013708	25923898	89809	647378
云南	65001040	64685711	315328	8638989
西藏	2400592	2325977	74615	75661
陕西	56742757	56193495	549263	5373982
甘肃	23966564	23723239	243325	641047
青海	3543051	3407108	135943	100573
宁夏	6658065	6381984	276080	136366
新疆	30854296	30564657	289639	720953

3-18 各地区地方企业建筑业总产值和竣工产值

单位：万元

地区	建筑业总产值	#装饰装修产值	#在外省完成的产值	按构成分组			竣工产值
				建筑工程产值	安装工程产值	其他产值	
全国总计	**2405891148**	**122286640**	**564633724**	**2120437123**	**206269968**	**79184057**	**1173569105**
北京	53507543	9732911	22317731	50213090	2723718	570735	32762260
天津	16461759	746817	5219584	13255760	2315922	890077	5879662
河北	53260382	1682555	10509455	46518239	5567981	1174162	22662367
山西	43017566	1324234	6995176	37654368	4307315	1055884	16519257
内蒙古	11099824	194484	1008684	9836241	717943	545641	4732653
辽宁	26136755	1172561	4215875	21306581	3255367	1574807	10979232
吉林	18130607	504493	2208101	15720983	1524284	885339	9347513
黑龙江	13099294	212465	1408011	11161890	977559	959845	3899214
上海	56509087	7514629	18492505	46165411	8567424	1776252	37121971
江苏	391910027	22423898	154821927	363784090	25898913	2227024	276186793
浙江	237370310	16780939	52263780	211258583	20395442	5716285	141651962
安徽	97610968	3028065	16144592	82391677	7446046	7773245	38282223
福建	153171196	4519694	69184122	141296203	8992620	2882372	65460591
江西	99572138	4004899	23548166	88050823	5906212	5615103	38416703
山东	147745983	8121899	23092478	121554632	21846283	4345068	63662139
河南	78904959	2610252	12887102	66315532	9114047	3475379	35718330
湖北	118383734	5639723	19510026	103393040	10698124	4292570	45708906
湖南	115086477	3180132	20713074	96687225	11624454	6774797	63056038
广东	165277925	15656142	24729453	143322441	16563679	5391805	61013219
广西	46472930	1059535	6348742	40729517	3293120	2450292	20472939
海南	4550272	213208	219015	3940211	402975	207086	2474517
重庆	79071576	3257529	17419237	69671261	6125024	3275291	32855573
四川	149998821	4035438	27199683	133092094	11245218	5661510	59739445
贵州	26571276	479202	4717962	23544262	1742038	1284977	7698979
云南	73324700	930581	3378658	64845097	5173368	3306235	26059425
西藏	2401637	35153	54154	2138301	137680	125656	1186675
陕西	61567476	2381759	9911636	53437214	5273619	2856644	23740568
甘肃	24364286	375174	2361739	21229897	2195195	939194	8319841
青海	3507681	59995	168321	3107469	267413	132799	967141
宁夏	6518350	42755	696735	6002366	391489	124496	2763627
新疆	31285609	365521	2888000	28812626	1579496	893487	14229345

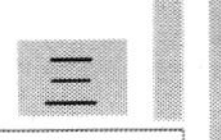

3-19 各地区地方建筑业企业房屋建筑面积

地区	房屋施工面积（万平方米）	#本年新开工	房屋竣工面积（万平方米）	房屋竣工率（%）
全国总计	**1191906**	**337924**	**340424**	**28.6**
北京	22975	4333	4352	18.9
天津	5307	1034	1154	21.8
河北	28250	6882	7455	26.4
山西	18525	4766	3552	19.2
内蒙古	3248	1095	1053	32.4
辽宁	8700	2265	3249	37.3
吉林	5687	1580	2088	36.7
黑龙江	3538	1163	1184	33.5
上海	30788	5961	6801	22.1
江苏	251760	72076	71901	28.6
浙江	164973	45406	46444	28.2
安徽	49731	18456	13674	27.5
福建	88825	20270	18994	21.4
江西	35977	14501	12857	35.7
山东	77487	24303	21316	27.5
河南	36608	9305	12286	33.6
湖北	39971	15596	17118	42.8
湖南	47791	17665	19460	40.7
广东	75011	18402	19341	25.8
广西	26284	4768	5792	22.0
海南	1966	389	481	24.4
重庆	27406	7929	10955	40.0
四川	55671	16097	17181	30.9
贵州	12382	2337	2234	18.0
云南	16603	5832	5568	33.5
西藏	367	137	223	60.9
陕西	31691	7519	6932	21.9
甘肃	10650	2629	2163	20.3
青海	599	162	217	36.3
宁夏	1669	642	582	34.9
新疆	11468	4425	3817	33.3

3-20 各地区按主要用途分的地方建筑业企业房屋竣工面积

单位：万平方米

地区	总计	住宅房屋	商业及服务用房屋	办公用房屋	科研、教育和医疗用房屋
全国总计	**340424**	**206522**	**21146**	**11466**	**16097**
北京	4352	2529	549	214	324
天津	1154	593	87	39	75
河北	7455	4951	467	193	376
山西	3552	2340	182	60	365
内蒙古	1053	732	60	24	52
辽宁	3249	2366	136	44	67
吉林	2088	1269	89	73	113
黑龙江	1184	748	66	13	29
上海	6801	3118	590	390	577
江苏	71901	46862	2337	2538	2358
浙江	46444	23504	3453	1675	1569
安徽	13674	7389	798	343	508
福建	18994	12886	1082	704	638
江西	12857	6949	1211	574	756
山东	21316	13446	1199	709	1522
河南	12286	8826	537	354	588
湖北	17118	10919	1304	642	628
湖南	19460	12882	1218	807	1294
广东	19341	9429	1350	630	894
广西	5792	3059	385	172	576
海南	481	275	79	20	68
重庆	10955	7348	728	191	326
四川	17181	10843	1498	398	818
贵州	2234	1212	151	44	274
云南	5568	3397	463	198	422
西藏	223	108	23	4	15
陕西	6932	4857	499	198	421
甘肃	2163	1449	112	54	153
青海	217	83	19	38	13
宁夏	582	319	26	31	53
新疆	3817	1833	448	93	229

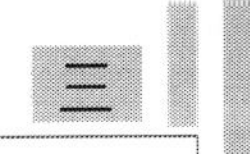

3-20 续表

单位：万平方米

地　区	文化、体育和娱乐用房屋	厂房及建筑物	仓　库	其他未列明的房屋建筑物
全国总计	**3801**	**66090**	**3228**	**12074**
北　京	48	466	25	198
天　津	17	282	6	56
河　北	122	939	39	368
山　西	67	435	13	90
内蒙古	16	95	5	70
辽　宁	20	484	34	98
吉　林	29	353	8	154
黑龙江	5	138	9	177
上　海	155	1280	384	307
江　苏	777	15124	597	1309
浙　江	583	14227	666	767
安　徽	186	3822	84	545
福　建	107	3276	94	208
江　西	165	2432	123	647
山　东	202	3259	138	842
河　南	121	1234	110	516
湖　北	169	2775	108	574
湖　南	213	2314	147	586
广　东	146	5774	170	949
广　西	143	1020	54	384
海　南	6	18	5	10
重　庆	110	1227	42	983
四　川	127	2569	211	716
贵　州	21	322	41	169
云　南	73	501	47	467
西　藏	3	22	2	46
陕　西	100	565	8	282
甘　肃	31	246	10	110
青　海	4	34	4	22
宁　夏	7	110	4	32
新　疆	28	750	42	395

3-21 各地区按主要用途分的地方建筑业企业房屋竣工价值

单位：万元

地区	总计	住宅房屋	商业及服务用房屋	办公用房屋	科研、教育和医疗用房屋
全国总计	**707028947**	**426288747**	**47759068**	**28442214**	**45748082**
北京	15000683	7725272	1466055	1008645	1618946
天津	2268015	1250135	133234	56266	183115
河北	14129721	9085686	1122705	451857	944763
山西	7526518	4254212	422488	158785	1210799
内蒙古	2020660	1279987	137692	61506	190322
辽宁	5817153	4203358	283251	68619	180356
吉林	4266917	2328169	222416	212450	358517
黑龙江	1389813	854150	96020	60270	83915
上海	20003364	8980414	2209774	1392553	2098380
江苏	176839969	115419207	6290875	7455065	7719832
浙江	98424785	53800062	7962762	4357091	5150578
安徽	21527955	11601707	1621025	592407	1127552
福建	42144150	28968997	2375198	1386078	1979328
江西	22592368	12728360	1828965	942950	1875736
山东	39908849	24089389	2701837	1800910	3514660
河南	17945814	12654892	781527	650058	1118231
湖北	29143653	18333057	2473037	1095928	1323884
湖南	32628375	21127527	2311075	1389585	2450184
广东	37337085	18843677	2738088	1692627	2648040
广西	13243799	7493363	738067	497793	1633927
海南	1312506	643345	274236	61964	257589
重庆	19168844	12771101	1514941	452191	786731
四川	35481076	21345025	3546859	898632	2590475
贵州	4394516	2073888	226952	122493	630425
云南	12297763	7335267	1275091	471840	1028503
西藏	491455	270007	44939	14419	41192
陕西	16348110	9854263	1432975	633226	1602937
甘肃	4340637	2751334	432355	90149	414533
青海	457831	175541	68229	38553	31864
宁夏	1348891	705529	60431	81329	212126
新疆	7227673	3341825	965969	245978	740644

3-21 续表

单位：万元

地区	文化、体育和娱乐用房屋	厂房及建筑物	仓库	其他未列明的房屋建筑物
全国总计	**11331616**	**119494577**	**5784264**	**22180378**
北京	434437	1486184	50157	1210987
天津	14796	480313	17112	133045
河北	309370	1554058	60878	600404
山西	267167	1055011	28530	129526
内蒙古	79288	220093	7226	44546
辽宁	63480	822109	26161	169818
吉林	79901	815015	3943	246505
黑龙江	13978	181123	15599	84759
上海	582559	3271458	565198	903028
江苏	2677063	32826229	1352465	3099232
浙江	1829023	22208465	1382970	1733834
安徽	167324	5705246	127235	585459
福建	308502	6336084	256919	533046
江西	406175	3727553	177240	905390
山东	416089	5279186	229282	1877496
河南	218065	1732862	118819	671360
湖北	407989	4356649	149066	1004043
湖南	498997	3607733	243773	999501
广东	431236	9472688	243219	1267511
广西	405174	1691885	124171	659419
海南	9728	28770	18404	18471
重庆	227878	2321569	63005	1031428
四川	371260	4838453	196734	1693638
贵州	36266	651410	115830	537251
云南	152077	1056898	59903	918185
西藏	9491	17301	6701	87407
陕西	723724	1765720	25328	309937
甘肃	93270	324711	25902	208383
青海	7135	84197	6994	45320
宁夏	23668	199012	7540	59256
新疆	66504	1376596	77961	412195

3-22 各地区地方建筑业企业主要生产效益指标

地　　区	建筑业企业个数（个）	从事建筑业活动的平均人数（人）	按总产值计算的劳动生产率（元/人）	人均竣工产值（元/人）	人均施工面积（平方米/人）	人均竣工面积（平方米/人）
全国总计	**157506**	**57054582**	**421682**	**205692**	**208.9**	**59.7**
北　京	2544	1075315	497599	304676	213.7	40.5
天　津	3300	470356	349985	125004	112.8	24.5
河　北	4060	1143259	465865	198226	247.1	65.2
山　西	3787	961343	447474	171835	192.7	37.0
内蒙古	1131	268011	414156	176584	121.2	39.3
辽　宁	5891	546581	478186	200871	159.2	59.4
吉　林	2632	411421	440683	227201	138.2	50.8
黑龙江	2081	357892	366012	108949	98.9	33.1
上　海	2401	1069878	528183	346974	287.8	63.6
江　苏	14749	10173944	385210	271465	247.5	70.7
浙　江	10781	5769858	411397	245503	285.9	80.5
安　徽	8955	2249397	433943	170189	221.1	60.8
福　建	9231	4676302	327548	139984	189.9	40.6
江　西	6882	2086162	477298	184150	172.5	61.6
山　东	12474	3180068	464600	200191	243.7	67.0
河　南	9979	2358340	334578	151455	155.2	52.1
湖　北	6859	2173224	544738	210328	183.9	78.8
湖　南	4179	2659111	432801	237132	179.7	73.2
广　东	11362	3272471	505055	186444	229.2	59.1
广　西	2831	1052925	441370	194439	249.6	55.0
海　南	382	81243	560082	304582	242.0	59.2
重　庆	3872	1964835	402434	167218	139.5	55.8
四　川	9321	3861654	388432	154699	144.2	44.5
贵　州	2335	624036	425797	123374	198.4	35.8
云　南	4592	1584106	462877	164506	104.8	35.1
西　藏	518	47225	508552	251281	77.6	47.3
陕　西	4238	1435141	428999	165423	220.8	48.3
甘　肃	2739	514758	473315	161626	206.9	42.0
青　海	616	92895	377596	104111	64.4	23.4
宁　夏	766	189471	344029	145860	88.1	30.7
新　疆	2018	703360	444802	202305	163.0	54.3

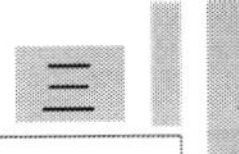

3-23 各地区地方建筑业企业资产构成

单位：万元

地　　区	资产总计	#流动资产合计	#存货
全国总计	**2785103582**	**2259091800**	**299996644**
北　　京	104313924	84459371	5800521
天　　津	36004429	32394757	2810493
河　　北	72956668	60462904	11461922
山　　西	70989796	52097640	7267318
内 蒙 古	22709802	18246159	2466618
辽　　宁	49806715	41331158	5745131
吉　　林	31980234	26457358	3041775
黑 龙 江	23234635	19736379	2350064
上　　海	88804438	74891245	7162138
江　　苏	290201770	245097795	48174849
浙　　江	203695119	168824870	27952442
安　　徽	105398631	85832117	8262628
福　　建	92988653	73684347	13204048
江　　西	90688817	71255321	10829110
山　　东	215927998	178779783	27956968
河　　南	107950288	84994823	13036826
湖　　北	118026630	94868213	11585021
湖　　南	71159779	54022990	6902251
广　　东	246811105	215172108	23932388
广　　西	49043734	40355034	4265453
海　　南	8368302	7313351	549085
重　　庆	71122234	54254217	8542360
四　　川	215910255	162171924	16582523
贵　　州	77461936	64103463	8013994
云　　南	98432048	67331375	4184343
西　　藏	6590064	5243500	420961
陕　　西	98936338	86349887	6816631
甘　　肃	51994765	38666842	3946594
青　　海	6114091	4935272	581614
宁　　夏	8157360	6823693	1059634
新　　疆	49323025	38933906	5090946

3-24 各地区地方建筑业企业固定资产情况

单位：万元

地区	固定资产原价	累计折旧	#本年折旧	在建工程
全国总计	**192786480**	**89369420**	**14184638**	**36727654**
北京	4863118	2661308	269797	329525
天津	2359998	1325617	165944	203612
河北	5617785	2777746	328991	640634
山西	4920850	2204570	286165	1277192
内蒙古	2823701	1376549	184498	327254
辽宁	5315337	2960408	333545	446985
吉林	3357621	1415161	193583	460026
黑龙江	1705952	919289	127443	148854
上海	5569175	3241436	416168	499534
江苏	28091441	13320358	1896308	3418625
浙江	16068810	7485656	1011133	2709506
安徽	6308651	2932434	561524	1447666
福建	7228787	3656359	637574	930801
江西	5951044	2028620	456047	1321884
山东	15917892	7303934	1355194	3040489
河南	9792033	4304583	715141	1078724
湖北	8326016	3887720	577565	2009549
湖南	6666459	3077894	629918	1307196
广东	10478329	5275588	785079	2006824
广西	2385751	1032095	225504	1945383
海南	245790	131501	24327	110964
重庆	4432033	1908653	359448	1788852
四川	12603889	5041000	936789	4008269
贵州	1701501	773771	136422	1095848
云南	5591135	2453133	509808	1214391
西藏	335076	123151	21212	38272
陕西	4573602	2139716	408439	448762
甘肃	4111729	1238923	232275	1519604
青海	453251	224448	47895	47889
宁夏	776216	381910	56078	50797
新疆	4213509	1765891	294828	853745

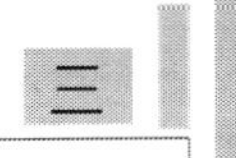

3-25 各地区地方建筑业企业负债及所有者权益

单位：万元

地区	负债合计	#流动负债	#应付账款	所有者权益	#实收资本
全国总计	**1983616413**	**1638116631**	**697748505**	**801487168**	**342041219**
北京	79334596	69553238	31927871	24979329	11423045
天津	27393248	23106208	10259856	8611181	5244480
河北	54255920	43673895	19277772	18700748	8327946
山西	49395814	41068776	17825677	21593982	9818399
内蒙古	15549888	12711016	5004290	7159914	4015558
辽宁	35407741	28084179	10051425	14398974	7152303
吉林	22084928	18009821	6053859	9895306	4352879
黑龙江	17197926	14684319	6013172	6036708	3459221
上海	70735848	63653907	37345284	18068590	8932435
江苏	171283713	148670177	57890692	118918056	43637939
浙江	144361987	130388753	56209217	59333132	27615635
安徽	79337685	61959451	24530132	26060946	10775012
福建	54888584	37487522	12751354	38100069	13821665
江西	64383142	46337000	15188426	26305675	9929910
山东	165607240	136276664	56701496	50320758	23336271
河南	71811770	55530437	19967845	36138517	16347191
湖北	81515952	63674554	35547774	36510677	14628059
湖南	46680467	31664560	10520569	24479312	8955803
广东	187055885	165884325	64392838	59755221	27617881
广西	37395134	31167129	14142594	11648600	7630198
海南	6313176	5414604	3047675	2055126	956268
重庆	50390547	38290396	15564042	20731688	6920042
四川	157562948	121260940	56805764	58347307	19458537
贵州	59820342	48867888	17313201	17641593	4441365
云南	66723501	58778113	24978624	31708547	19814553
西藏	4323841	3113536	1074017	2266222	516284
陕西	77684147	68777091	38183305	21252191	9866346
甘肃	37304885	30592734	12742743	14689881	6038049
青海	4239219	3602818	1360150	1874872	1204872
宁夏	5802528	4870088	2420736	2354832	1350775
新疆	37773812	30962472	12656104	11549213	4452298

3-26 各地区地方建筑业企业收入情况

单位：万元

地 区	主营业务收入	主营业务成本	主营业务税金及附加
全国总计	**2017749844**	**1819711189**	**10422791**
北 京	59564524	54094091	199062
天 津	17978191	16306184	54242
河 北	45801678	42256319	192992
山 西	41474419	34248085	115043
内蒙古	13541617	12227603	55634
辽 宁	23998110	18789312	92775
吉 林	15683188	14186790	79754
黑龙江	13784779	12649365	58480
上 海	72234038	67081305	198498
江 苏	322074372	290634787	1695711
浙 江	193464406	179895475	689386
安 徽	77539192	70579265	316439
福 建	113276835	102298489	808711
江 西	61733516	55992136	362758
山 东	131793661	119150903	602694
河 南	65862302	57745364	440678
湖 北	88985525	79476150	770081
湖 南	79262149	69848373	1079079
广 东	156960499	143934315	492998
广 西	32683614	29647084	123805
海 南	4946765	4513419	16022
重 庆	60169418	53625612	462018
四 川	131542889	118186636	645462
贵 州	20916711	18806836	80701
云 南	52189511	46377826	307803
西 藏	2245255	2037159	8990
陕 西	53219050	48156840	253754
甘 肃	23018267	21080025	99410
青 海	4442764	4130712	14031
宁 夏	6957474	6439706	24174
新 疆	30405127	25315023	81606

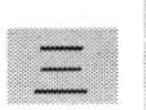

3-27 各地区地方建筑业企业费用情况

单位：万元

地　区	管理费用	销售费用	研发费用	财务费用	#利息收入	#利息支出
全国总计	**73528438**	**7120164**	**17349760**	**13215548**	**2738470**	**13502923**
北　京	2724070	540555	1129375	224054	200719	341544
天　津	1179888	123266	147619	138487	28879	93785
河　北	1689546	75034	372383	413180	32787	213138
山　西	1763141	80907	913091	340418	208830	407951
内蒙古	667780	11216	130788	73279	5803	50272
辽　宁	1620378	78613	112996	176310	21679	85072
吉　林	757525	25567	90430	182045	-2496	105756
黑龙江	603521	25598	114584	71920	27800	77464
上　海	2663718	243352	1455498	175189	104005	163511
江　苏	9101373	1040798	726361	1837278	248322	942673
浙　江	6408292	660080	1693571	770871	178409	765607
安　徽	2828495	304067	731674	575793	97305	409372
福　建	4165815	407913	396428	420143	41908	228184
江　西	2136985	219539	304984	516200	53132	286928
山　东	5008859	320418	1606776	1145943	138625	844814
河　南	2646232	251104	499184	600334	23090	371389
湖　北	2921809	383342	705809	526346	62160	379764
湖　南	2906859	460259	1076544	551524	133041	298610
广　东	6348375	465530	2154324	1039171	160335	764087
广　西	1179358	43944	309609	250108	33832	174909
海　南	197308	5980	26640	20908	2937	11972
重　庆	2488312	375059	214013	463219	74760	186086
四　川	4185089	500809	1293092	1068235	293499	800760
贵　州	795717	37260	99052	204160	17670	152052
云　南	2141747	225443	103031	548021	100989	528612
西　藏	161328	5356	4315	19601	2215	5643
陕　西	1793198	105534	647469	326655	203421	380582
甘　肃	859090	52015	144350	236862	196251	4159086
青　海	195165	2984	28244	17072	1559	13808
宁　夏	300543	9424	19650	25867	1671	18112
新　疆	1088923	39200	97878	256357	45334	241381

3-28 各地区地方建筑业企业利润及税金情况

单位：万元

地区	利润总额	所得税费用	税金总额	主营业务税金及附加	应交增值税
全国总计	**67037372**	**12023343**	**60654177**	**10422791**	**50231386**
北京	993226	155078	1244056	199062	1044994
天津	230979	58400	518336	54242	464094
河北	838296	190340	1198665	192992	1005673
山西	1228498	130463	1284475	115043	1169432
内蒙古	419288	84569	461483	55634	405850
辽宁	523900	109642	843659	92775	750884
吉林	510827	96402	586191	79754	506437
黑龙江	369910	84080	465555	58480	407075
上海	891743	224055	1473979	198498	1275481
江苏	13359158	2632432	9387634	1695711	7691923
浙江	3388953	745481	4892681	689386	4203295
安徽	2536127	374861	2228936	316439	1912497
福建	4809261	925035	3445764	808711	2637053
江西	2480829	473823	1886837	362758	1524079
山东	4469960	737705	3969361	602694	3366668
河南	2615404	440070	2479413	440678	2038735
湖北	4018538	692487	3633509	770081	2863427
湖南	3508907	513839	3367306	1079079	2288227
广东	2737827	658851	4025392	492998	3532395
广西	1159024	159269	835997	123805	712193
海南	185046	43178	164418	16022	148397
重庆	2566476	401476	2420571	462018	1958553
四川	5751157	997038	3775514	645462	3130052
贵州	1017992	153462	827481	80701	746780
云南	2755395	334657	1737830	307803	1430027
西藏	79280	9189	90025	8990	81035
陕西	2002422	289202	1463586	253754	1209831
甘肃	766140	124631	854174	99410	754763
青海	68047	14537	150918	14031	136887
宁夏	137077	29420	196054	24174	171880
新疆	617683	139674	744377	81606	662770

3-29 各地区地方建筑业企业应收工程款及企业亏损情况

地　区	应收工程款(万元)	企业个数(个)	#亏损企业个数	亏损企业的比重(%)
全国总计	**671688907**	**157506**	**35122**	**22.3**
北　京	23758421	2544	788	31.0
天　津	10297427	3300	1009	30.6
河　北	17898180	4060	1004	24.7
山　西	18608408	3787	1011	26.7
内蒙古	6685933	1131	320	28.3
辽　宁	14068529	5891	1885	32.0
吉　林	8938554	2632	559	21.2
黑龙江	5307241	2081	571	27.4
上　海	20650741	2401	623	26.0
江　苏	74548514	14749	2069	14.0
浙　江	44194068	10781	3587	33.3
安　徽	31310608	8955	1803	20.1
福　建	20447282	9231	1616	17.5
江　西	16714370	6882	1115	16.2
山　东	58739182	12474	2648	21.2
河　南	28340753	9979	1870	18.7
湖　北	29826649	6859	953	13.9
湖　南	13786625	4179	544	13.0
广　东	58872906	11362	3285	28.9
广　西	10273095	2831	969	34.2
海　南	1967183	382	98	25.7
重　庆	17340893	3872	683	17.6
四　川	38884722	9321	1332	14.3
贵　州	12877468	2335	749	32.1
云　南	25051048	4592	1149	25.0
西　藏	1140216	518	105	20.3
陕　西	33712258	4238	896	21.1
甘　肃	11738848	2739	711	26.0
青　海	1206535	616	192	31.2
宁　夏	2747978	766	273	35.6
新　疆	11754275	2018	705	34.9

3-30 各地区地方建筑业企业主要经济效益指标

地 区	产值利润率 (%)	资本利润率 (%)	人均利润 (元/人)	资产负债率 (%)
全国总计	**2.8**	**19.6**	**11750**	**71.2**
北 京	1.9	8.7	9237	76.1
天 津	1.4	4.4	4911	76.1
河 北	1.6	10.1	7333	74.4
山 西	2.9	12.5	12779	69.6
内蒙古	3.8	10.4	15644	68.5
辽 宁	2.0	7.3	9585	71.1
吉 林	2.8	11.7	12416	69.1
黑龙江	2.8	10.7	10336	74.0
上 海	1.6	10.0	8335	79.7
江 苏	3.4	30.6	13131	59.0
浙 江	1.4	12.3	5874	70.9
安 徽	2.6	23.5	11275	75.3
福 建	3.1	34.8	10284	59.0
江 西	2.5	25.0	11892	71.0
山 东	3.0	19.2	14056	76.7
河 南	3.3	16.0	11090	66.5
湖 北	3.4	27.5	18491	69.1
湖 南	3.0	39.2	13196	65.6
广 东	1.7	9.9	8366	75.8
广 西	2.5	15.2	11008	76.2
海 南	4.1	19.4	22777	75.4
重 庆	3.2	37.1	13062	70.9
四 川	3.8	29.6	14893	73.0
贵 州	3.8	22.9	16313	77.2
云 南	3.8	13.9	17394	67.8
西 藏	3.3	15.4	16788	65.6
陕 西	3.3	20.3	13953	78.5
甘 肃	3.1	12.7	14884	71.7
青 海	1.9	5.6	7325	69.3
宁 夏	2.1	10.1	7235	71.1
新 疆	2.0	13.9	8782	76.6

四、按资质等级分组的建筑业企业

4-1 各地区总承包建筑业企业签订合同情况

单位：万元

地　区	签订合同额	上年结转合同额	本年新签合同额
全国总计	**6793907364**	**3529963863**	**3263943500**
北　京	478139357	295036051	183103307
天　津	160706426	82695388	78011038
河　北	168012031	88749553	79262478
山　西	133114651	60019005	73095646
内蒙古	38998187	19796352	19201835
辽　宁	75283590	32970428	42313162
吉　林	38432326	19963353	18468973
黑龙江	31726633	16333177	15393456
上　海	368931842	225476417	143455425
江　苏	583758230	247502944	336255286
浙　江	436374068	232123675	204250393
安　徽	245990241	113977542	132012699
福　建	291724699	138390989	153333711
江　西	169534177	71586989	97947188
山　东	380672538	180332430	200340109
河　南	247313479	132171821	115141659
湖　北	540343008	281432337	258910671
湖　南	305083336	154824140	150259196
广　东	671644853	396988002	274656851
广　西	116331565	70365239	45966326
海　南	14581308	8322650	6258657
重　庆	162879590	76267204	86612387
四　川	436126737	237823348	198303389
贵　州	130284727	82026398	48258329
云　南	144200796	69028419	75172377
西　藏	4728554	2757912	1970642
陕　西	252428084	110449115	141978969
甘　肃	58120462	27359381	30761081
青　海	22370265	11534618	10835646
宁　夏	12961050	5440816	7520234
新　疆	73110556	38218172	34892385

4-2 各地区总承包建筑业企业承包工程完成情况

单位：万元

地 区	直接从建设单位承揽工程完成的产值	自行完成施工产值	分包出去工程的产值	从建设单位以外承揽工程完成的产值
全国总计	**2741135828**	**2607472899**	**133662928**	**223261956**
北 京	136361654	107619200	28742454	18711257
天 津	45027863	39126991	5900872	2924665
河 北	66066607	64975317	1091290	2928323
山 西	55400366	54527760	872606	3709609
内蒙古	14656630	14133988	522642	280292
辽 宁	33850300	33184686	665613	3400309
吉 林	17272832	17103015	169817	2016709
黑龙江	13250844	13130718	120127	215789
上 海	101839854	76490940	25348915	12991306
江 苏	350909622	348955269	1954353	27075751
浙 江	205253858	200392879	4860979	14109962
安 徽	96112813	94244513	1868301	13179896
福 建	149821142	149465123	356020	10700501
江 西	95777488	94693689	1083799	5139155
山 东	172911321	159042811	13868509	10322781
河 南	98401547	97592002	809544	2839582
湖 北	185648618	183064088	2584530	10093760
湖 南	134993674	134038877	954797	6378641
广 东	214410535	184839872	29570663	25163042
广 西	50823081	48888613	1934468	5602958
海 南	4496011	4098994	397017	162996
重 庆	81101095	79614650	1486445	9154492
四 川	155969799	149827362	6142438	11214631
贵 州	36762420	36679563	82857	1160779
云 南	65243698	65022357	221342	8520031
西 藏	2434528	2353738	80790	92783
陕 西	83410158	82788205	621953	13870023
甘 肃	25131588	24915163	216425	395845
青 海	6021535	5774626	246909	118633
宁 夏	7480957	6966550	514407	123689
新 疆	34293391	33921342	372049	663769

4-3 各地区总承包企业建筑业总产值和竣工产值

单位：万元

地 区	建筑业总产值	#装饰装修产 值	#在外省完成的产值	按构成分组			竣工产值
				建筑工程产值	安装工程产值	其他产值	
全国总计	**2830734855**	**63795576**	**968219424**	**2555351449**	**198177231**	**77206175**	**1282658725**
北 京	126330457	6385480	94669001	119545876	5731312	1053269	66319221
天 津	42051655	191914	32900132	39385781	2108850	557024	13414673
河 北	67903640	1423483	23592571	57821320	8502482	1579838	24490259
山 西	58237369	1032519	21317402	52498343	4691980	1047046	16892711
内蒙古	14414279	239888	4260952	13336749	565848	511682	5648328
辽 宁	36584996	439558	13600196	31210651	3892870	1481476	12674455
吉 林	19119724	236997	3679888	16744112	1494198	881414	8623262
黑龙江	13346507	46530	1700496	11049425	1557884	739198	4639210
上 海	89482246	4829208	51123585	78670334	8522446	2289465	46224665
江 苏	376031020	7136721	155727006	353918934	20087167	2024918	258389472
浙 江	214502840	7927952	48964877	194780559	15120560	4601722	129881001
安 徽	107424409	1644581	27718308	94736042	6294211	6394156	41639815
福 建	160165624	2206652	72652312	149746004	7988352	2431268	66825380
江 西	99832844	1592185	26346579	87951339	6270482	5611023	37371082
山 东	169365592	4727601	41651833	144952438	20717704	3695449	64208590
河 南	100431584	1371167	32688757	88688998	8614024	3128562	40228073
湖 北	193157848	4918182	81297978	174793927	13830290	4533630	76682458
湖 南	140417519	2463493	45326548	122812883	10570072	7034563	78110104
广 东	210002915	5637095	46416554	192607355	13057244	4338316	73779124
广 西	54491571	916483	11040296	48384066	3089857	3017647	20977658
海 南	4261990	105263	266473	3906560	175931	179499	2353324
重 庆	88769142	1946336	25113928	80510557	5186239	3072346	37084934
四 川	161041992	2894160	35705317	144785244	9486634	6770114	62219971
贵 州	37840343	382844	14278063	32243442	3911296	1685605	8210700
云 南	73542387	607662	5989043	66236046	4249028	3057313	24376815
西 藏	2446521	30344	61175	2140011	183828	122682	1174178
陕 西	96658228	1886633	38611077	86356865	7039952	3261411	31326781
甘 肃	25311008	282043	3366252	22087736	2290788	932485	8243938
青 海	5893259	58946	2406515	5250415	442988	199857	2472333
宁 夏	7090239	30106	1246695	6259764	690209	140265	2919471
新 疆	34585110	203549	4499614	31939673	1812506	832932	15256739

4-4 各地区总承包建筑业企业房屋建筑面积

地　区	房　屋 施工面积 (万平方米)	#本年新开工	房　屋 竣工面积 (万平方米)	房屋竣工率 (%)
全国总计	**1479755**	**386817**	**375804**	**25.4**
北　京	87314	15344	13648	15.6
天　津	16975	3579	3239	19.1
河　北	33357	7864	7662	23.0
山　西	21796	5306	4025	18.5
内蒙古	6834	1149	1330	19.5
辽　宁	11395	2853	3433	30.1
吉　林	5601	1500	1989	35.5
黑龙江	3542	1164	1157	32.7
上　海	54873	9876	9359	17.1
江　苏	255598	72330	72072	28.2
浙　江	161181	42411	43997	27.3
安　徽	49778	16778	14803	29.7
福　建	97080	22376	19298	19.9
江　西	35884	13996	12342	34.4
山　东	93059	29083	21260	22.8
河　南	59816	10221	12528	20.9
湖　北	77611	22192	25520	32.9
湖　南	74725	22831	24309	32.5
广　东	111047	27350	25735	23.2
广　西	27275	5095	5881	21.6
海　南	2085	490	511	24.5
重　庆	30735	8601	11274	36.7
四　川	63561	18566	17742	27.9
贵　州	14105	2820	2453	17.4
云　南	16025	5522	5302	33.1
西　藏	366	136	206	56.3
陕　西	38865	8806	7508	19.3
甘　肃	11364	2702	2174	19.1
青　海	872	263	236	27.0
宁　夏	1711	643	580	33.9
新　疆	15325	4968	4232	27.6

4-5 各地区按主要用途分的总承包建筑业企业房屋竣工面积

单位：万平方米

地区	总计	住宅房屋	商业及服务用房屋	办公用房屋	科研、教育和医疗用房屋
全国总计	**375804**	**230489**	**25354**	**13356**	**19291**
北京	13648	8287	1550	624	1116
天津	3239	2508	70	41	139
河北	7662	5139	465	183	422
山西	4025	2719	174	72	414
内蒙古	1330	950	58	26	58
辽宁	3433	2515	139	45	70
吉林	1989	1210	83	57	109
黑龙江	1157	732	66	12	29
上海	9359	4757	1043	398	637
江苏	72072	47340	2266	2605	2419
浙江	43997	22948	3358	1645	1553
安徽	14803	8411	757	333	596
福建	19298	13243	1104	680	625
江西	12342	6646	1160	561	735
山东	21260	13535	1665	678	1686
河南	12528	8783	571	379	615
湖北	25520	14563	2860	1656	1393
湖南	24309	16205	1641	1031	1485
广东	25735	14139	1749	801	1373
广西	5881	3124	388	172	631
海南	511	295	86	22	64
重庆	11274	7544	805	198	294
四川	17742	11090	1502	461	1097
贵州	2453	1279	152	80	310
云南	5302	3186	504	191	411
西藏	206	94	23	4	15
陕西	7508	5202	512	182	487
甘肃	2174	1453	111	55	156
青海	236	97	18	39	19
宁夏	580	321	26	31	53
新疆	4232	2174	445	95	280

4-5 续表

单位：万平方米

地 区	文化、体育和娱乐用房屋	厂房及建筑物	仓 库	其他未列明的房屋建筑物
全国总计	**4248**	**65660**	**3176**	**14230**
北 京	141	1311	29	589
天 津	37	359	10	76
河 北	126	924	38	365
山 西	73	442	21	109
内蒙古	31	111	5	91
辽 宁	20	496	33	115
吉 林	29	344	6	149
黑龙江	5	129	9	175
上 海	246	1480	307	492
江 苏	775	14802	590	1275
浙 江	527	12696	601	668
安 徽	188	3386	95	1036
福 建	130	3232	91	193
江 西	150	2366	120	604
山 东	244	2665	126	661
河 南	117	1342	96	624
湖 北	264	3103	134	1547
湖 南	285	2423	116	1123
广 东	203	6509	216	746
广 西	142	1001	52	370
海 南	6	24	5	10
重 庆	97	1331	41	964
四 川	120	2507	258	708
贵 州	33	322	51	226
云 南	61	465	44	440
西 藏	3	22	2	42
陕 西	111	724	8	282
甘 肃	37	247	10	106
青 海	4	35	2	22
宁 夏	7	108	4	31
新 疆	34	756	55	393

4-6 各地区按主要用途分的总承包建筑业企业房屋竣工价值

单位：万元

地区	总计	住宅房屋	商业及服务用房屋	办公用房屋	科研、教育和医疗用房屋
全国总计	**818535235**	**485375895**	**60900295**	**35260532**	**58404444**
北京	42992216	23040686	4962894	2482351	4919913
天津	6308250	4178320	194435	183037	448414
河北	14633791	9285908	1129032	450133	1035051
山西	8653168	5037125	450213	187330	1302530
内蒙古	2667754	1759988	135162	72410	220288
辽宁	6494036	4607290	376751	74622	193159
吉林	4201014	2359888	215802	166185	353182
黑龙江	1377483	843880	96010	60265	83915
上海	28906526	12326381	4508844	1418079	2350169
江苏	177779597	116516266	6208552	7611517	7908451
浙江	95514360	53001522	7725805	4330218	5116036
安徽	24081524	14130537	1585732	594240	1355361
福建	44517192	30514457	2564488	1339490	2037587
江西	22026471	12377916	1809358	931588	1835627
山东	44218311	26242904	3672403	1815219	4551166
河南	19792846	13247163	827054	722605	1322063
湖北	49801700	25979518	5871300	4610515	3278002
湖南	46387565	28640038	3469614	2089732	3328378
广东	53224095	28655399	4022624	2119861	4800386
广西	13577057	7524267	743928	497022	1929581
海南	1382277	677574	297297	72584	246429
重庆	21636933	14128125	1698673	507039	831629
四川	38427965	22723697	3685145	1116823	3565614
贵州	5283874	2308183	263938	226047	780837
云南	11768236	6945976	1244596	434685	1059889
西藏	471272	259938	44919	14399	40774
陕西	17971600	10535411	1565457	663523	1974840
甘肃	4584509	2766819	432359	95127	416689
青海	494149	188272	66509	40802	53304
宁夏	1351240	715766	60431	81307	210519
新疆	8008227	3856681	970972	251779	854665

4-6 续表

单位：万元

地区	文化、体育和娱乐用房屋	厂房及建筑物	仓库	其他未列明的房屋建筑物
全国总计	**14260653**	**127166240**	**6405923**	**30761253**
北京	947225	3923318	68035	2647795
天津	254394	809385	58173	182093
河北	320029	1612623	64340	736674
山西	272156	1123305	57273	223236
内蒙古	154252	249127	7226	69302
辽宁	63396	870139	24874	283805
吉林	79901	805405	3297	217354
黑龙江	13978	177493	15599	86344
上海	940608	4085031	676256	2601158
江苏	2673045	32437744	1340700	3083323
浙江	1791434	20570267	1338159	1640919
安徽	166541	5229361	130777	888975
福建	611382	6692126	251525	506135
江西	378517	3646957	182065	864442
山东	641857	5245943	219037	1829782
河南	277195	2142362	104200	1150203
湖北	846403	5815363	247370	3153230
湖南	705507	4799935	280779	3073581
广东	765720	11324778	412782	1122545
广西	404625	1715892	122548	639196
海南	9728	41790	18404	18471
重庆	246924	3063593	62721	1098229
四川	443748	4902324	294904	1695712
贵州	71078	658475	143956	831360
云南	142029	990839	63256	886965
西藏	9491	17291	6601	77860
陕西	776378	2019623	25151	411218
甘肃	144120	498638	25902	204856
青海	7135	85115	4736	48278
宁夏	23599	195823	7437	56358
新疆	78260	1416174	147839	431857

4-7 各地区总承包建筑业企业主要生产效益指标

地区	建筑业企业个数(个)	从事建筑业活动的平均人数(人)	按总产值计算的劳动生产率(元/人)	人均竣工产值(元/人)	人均施工面积(平方米/人)	人均竣工面积(平方米/人)
全国总计	**113332**	**58257811**	**485898**	**220169**	**254.0**	**64.5**
北京	972	1839627	686718	360504	474.6	74.2
天津	1061	459118	915923	292184	369.7	70.5
河北	3241	1231256	551499	198905	270.9	62.2
山西	2600	1251373	465388	134993	174.2	32.2
内蒙古	1003	291108	495152	194029	234.7	45.7
辽宁	3539	573658	637749	220941	198.6	59.8
吉林	1870	376522	507798	229024	148.8	52.8
黑龙江	1648	340598	391855	136208	104.0	34.0
上海	1382	1267186	706149	364782	433.0	73.9
江苏	9675	9225202	407613	280091	277.1	78.1
浙江	7915	5165073	415295	251460	312.1	85.2
安徽	6979	2137523	502565	194804	232.9	69.3
福建	6817	4814155	332697	138810	201.7	40.1
江西	5867	1989030	501917	187886	180.4	62.0
山东	8293	3123746	542187	205550	297.9	68.1
河南	6665	2323987	432152	173099	257.4	53.9
湖北	5124	2686392	719023	285448	288.9	95.0
湖南	3333	2824332	497171	276561	264.6	86.1
广东	6770	3492155	601356	211271	318.0	73.7
广西	2507	1148733	474362	182616	237.4	51.2
海南	292	72417	588534	324968	287.9	70.6
重庆	2845	1946793	455976	190492	157.9	57.9
四川	7805	3909096	411967	159167	162.6	45.4
贵州	1999	771691	490356	106399	182.8	31.8
云南	3708	1525595	482057	159786	105.0	34.8
西藏	499	46975	520813	249958	77.9	43.8
陕西	3523	1864148	518512	168049	208.5	40.3
甘肃	2408	507394	498843	162476	224.0	42.9
青海	540	100523	586260	245947	86.7	23.4
宁夏	661	190336	372512	153385	89.9	30.5
新疆	1791	762069	453832	200202	201.1	55.5

4-8 各地区总承包建筑业企业资产构成

单位：万元

地　区	资产总计	#流动资产合计	#存货
全国总计	**3427747279**	**2654969552**	**286655316**
北　京	322642402	195722612	5953798
天　津	78352647	60521489	2991161
河　北	87241586	72504973	11571168
山　西	100912188	74743696	7636809
内蒙古	23861395	19345370	2393099
辽　宁	59945376	50525314	5104524
吉　林	32127607	26470349	2991325
黑龙江	25362612	21829549	2706159
上　海	143589777	111918712	6584215
江　苏	266516417	226204706	43774079
浙　江	181366373	150086836	24627012
安　徽	118368302	95051735	8332944
福　建	94762406	74891216	12845372
江　西	93048993	74351395	10417984
山　东	234015113	190378308	26482057
河　南	126629014	100329609	12709685
湖　北	205339911	155270464	12433609
湖　南	99286967	72911883	6904232
广　东	297229351	240728906	20677027
广　西	57244233	45340920	4195673
海　南	8009934	7042429	491684
重　庆	78439450	57500355	8211787
四　川	230477073	170562826	16180279
贵　州	94389151	78842234	8274876
云　南	99837272	67461975	3834321
西　藏	7147089	5643217	405575
陕　西	135492177	112354486	7291029
甘　肃	53371257	39214804	3846710
青　海	10237910	7444600	718293
宁　夏	8636292	7262718	1048883
新　疆	53867006	42511868	5019949

4-9 各地区总承包建筑业企业固定资产情况

单位：万元

地 区	固定资产原价	累计折旧	#本年折旧	在建工程
全国总计	**212830003**	**103884868**	**15255631**	**35368518**
北 京	9420968	5231989	657765	487315
天 津	5738569	3221956	342433	189944
河 北	7485460	4196916	387771	619276
山 西	6863890	3675908	583445	1216871
内 蒙 古	2631405	1302659	176511	323371
辽 宁	5615067	3293536	345751	413617
吉 林	3326719	1407168	177012	394620
黑 龙 江	2067035	1209477	128347	135362
上 海	7470286	4321991	548947	488101
江 苏	24894446	12055116	1642974	3027996
浙 江	13294467	6282794	820290	2459708
安 徽	6559612	3093724	510901	1347657
福 建	6892158	3554146	589815	845289
江 西	6005614	2157734	444844	1393516
山 东	16184306	7764205	1362446	2884535
河 南	10507485	5019739	742814	974022
湖 北	12257810	6109054	845475	2163785
湖 南	8107314	3751482	706860	1343876
广 东	11477073	5819196	849323	1978705
广 西	2769533	1309049	225523	1938903
海 南	172563	90355	16639	80820
重 庆	5137980	2450996	393265	1623588
四 川	12735352	5295683	909634	3813608
贵 州	2037201	973264	150339	1080023
云 南	5332947	2322392	481173	1203000
西 藏	360115	139824	35321	37145
陕 西	7368095	3874216	562588	435093
甘 肃	4138159	1289072	219997	1514509
青 海	875158	452150	58926	60510
宁 夏	769427	384599	50208	44044
新 疆	4333790	1834458	288297	849710

4-10 各地区总承包建筑业企业负债及所有者权益

单位：万元

地 区	负债合计	#流动负债	#应付账款	所有者权益	#实收资本
全国总计	**2516189453**	**2145772883**	**935391628**	**911557827**	**377413676**
北 京	222320863	198131231	81840132	100321538	29032711
天 津	63098300	57651642	24317865	15254347	8370615
河 北	66990618	55687150	24705859	20250967	9620907
山 西	76497427	66665335	28951158	24414761	11136379
内蒙古	16958746	14196452	5553845	6902649	4051922
辽 宁	46852348	40686292	15589877	13093028	7266874
吉 林	22942962	19051280	6834261	9184645	4147412
黑龙江	20319531	18049984	7309351	5043081	3657303
上 海	114942923	108484316	60341965	28646854	13728639
江 苏	162104290	142472321	54727157	104412127	38150398
浙 江	129112540	116407949	50320107	52253834	24034575
安 徽	91325602	76033295	30908105	27042700	11553827
福 建	58752039	41692862	16269608	36010367	12777475
江 西	67985916	50528818	17881965	25063077	9444803
山 东	182583879	154166265	66843693	51431235	23939707
河 南	91847626	75429707	29599087	34781387	15818460
湖 北	151105523	124650227	66178121	54234388	19789514
湖 南	70139151	54110387	23067514	29147817	11117668
广 东	232129001	205787333	86495089	65100350	30120906
广 西	43361155	36684562	15926934	13883077	8670609
海 南	6209807	5293296	2996764	1800127	886405
重 庆	57265658	45082848	18948101	21173792	7401829
四 川	171398847	136088088	64928959	59078226	20501879
贵 州	74997504	64128952	23443609	19391647	6058348
云 南	68323843	59866698	24932341	31513430	19436125
西 藏	4709835	3352353	1151161	2437254	618747
陕 西	107670250	96689810	51810729	27821927	13301127
甘 肃	39004816	32313242	13600418	14366442	4985849
青 海	7364962	6143869	2750986	2872948	1441843
宁 夏	6263937	5401760	2690724	2372355	1393984
新 疆	41609555	34844561	14476144	12257451	4956836

4-11 各地区总承包建筑业企业收入情况

单位：万元

地区	主营业务收入	主营业务成本	主营业务税金及附加
全国总计	**2463581847**	**2245003255**	**10606847**
北京	154588191	141889677	349364
天津	43400990	39911044	85940
河北	59190481	54098312	210250
山西	60996819	52966027	147477
内蒙古	15418081	14054832	60768
辽宁	32061117	27446394	94286
吉林	16398864	14981259	78883
黑龙江	14498673	13422173	57216
上海	126055993	118392211	261435
江苏	307191813	278693732	1560876
浙江	172994812	161945386	626213
安徽	89605750	82352555	307608
福建	115316798	104782090	762624
江西	63362519	57672023	349001
山东	156399217	143805804	605818
河南	82448654	73725728	421730
湖北	158253817	143232523	884378
湖南	100234059	89423190	1052261
广东	199958566	185457122	507240
广西	37714075	34169200	126566
海南	4664560	4281593	14062
重庆	65079946	58340813	458965
四川	143907869	130073268	629892
贵州	31461813	28808106	125522
云南	51034371	45456770	291171
西藏	2367154	2148683	9604
陕西	85018333	77916738	290111
甘肃	24286879	22342490	100467
青海	8273958	7622502	22129
宁夏	7755153	7220943	26584
新疆	33642524	28370067	88407

4-12 各地区总承包建筑业企业费用情况

单位：万元

地区	管理费用	销售费用	研发费用	财务费用	#利息收入	#利息支出
全国总计	**68004090**	**5224272**	**31422485**	**14216048**	**5519971**	**13468390**
北京	3667858	243076	4065873	697475	1297203	1709545
天津	1074094	93692	1155979	203593	176675	310085
河北	1870490	104565	740251	474053	49282	271214
山西	1739020	67673	1435430	405777	277798	531908
内蒙古	620062	15644	130807	86588	7044	65049
辽宁	1387220	43547	268782	287022	40692	166121
吉林	645036	19589	146426	171719	695	109234
黑龙江	539918	27062	130834	75644	29394	84101
上海	2579900	177832	2482055	291104	297881	447351
江苏	7328983	808516	999458	1577711	245887	889089
浙江	5055759	246230	1550399	634597	169422	666019
安徽	2422795	155288	1229377	555904	114909	413745
福建	3646299	327730	637141	379457	59576	232361
江西	2033722	210596	434046	482940	70256	273440
山东	4323258	260108	2318114	1108981	253444	936329
河南	2353045	176407	1122087	686155	83062	551120
湖北	3567354	343525	2661204	677710	357852	788560
湖南	2860264	398210	1880432	663371	202921	501879
广东	4983806	205445	3052980	1063712	477565	1136840
广西	1167128	43065	376636	304803	46290	236458
海南	152375	2763	33437	18969	4114	13007
重庆	2339988	352870	403426	503624	103081	231386
四川	4085091	452779	1773534	1013746	405942	896574
贵州	870124	15437	266331	314530	28199	279865
云南	1907060	200496	198808	570912	105836	571980
西藏	165348	5043	4315	16368	18452	18801
陕西	2116730	136066	1351748	376190	321945	520186
甘肃	828472	45782	163584	232228	199530	283764
青海	273972	2858	170992	35787	21108	45393
宁夏	289207	8888	38376	26486	3005	18586
新疆	1109714	33490	199621	278897	50911	268402

4-13 各地区总承包建筑业企业利润及税金情况

单位：万元

地　　区	利润总额	#所得税费用	税金总额	主营业务税金及附加	应交增值税
全国总计	**81043105**	**12907781**	**61672850**	**10606847**	**51066003**
北　　京	6313732	449037	2147162	349364	1797798
天　　津	846029	124234	621869	85940	535929
河　　北	1176674	257804	1308480	210250	1098230
山　　西	1611271	145395	1428047	147477	1280570
内 蒙 古	453679	101651	477697	60768	416930
辽　　宁	330731	95518	884332	94286	790046
吉　　林	498761	94664	565201	78883	486318
黑 龙 江	341911	84438	469241	57216	412025
上　　海	2298900	376881	1698870	261435	1437435
江　　苏	12421319	2442048	8573925	1560876	7013049
浙　　江	3019011	669463	4454519	626213	3828307
安　　徽	2943457	427519	2174515	307608	1866906
福　　建	4822852	905293	3267712	762624	2505088
江　　西	2468083	466857	1847902	349001	1498901
山　　东	5153228	783818	3865792	605818	3259974
河　　南	2607598	430157	2306956	421730	1885227
湖　　北	6451984	865775	4418021	884378	3533643
湖　　南	4147611	566878	3466125	1052261	2413864
广　　东	4398480	765938	3988620	507240	3481380
广　　西	1573605	207810	921973	126566	795408
海　　南	178809	38902	144575	14062	130514
重　　庆	2618952	402949	2406990	458965	1948025
四　　川	5974135	1025801	3814163	629892	3184271
贵　　州	1097903	143286	955504	125522	829982
云　　南	2679370	325244	1636177	291171	1345005
西　　藏	86278	9796	90049	9604	80445
陕　　西	2726930	370075	1732028	290111	1441917
甘　　肃	785778	120939	850331	100467	749864
青　　海	167134	25516	181490	22129	159362
宁　　夏	139960	29587	192510	26584	165926
新　　疆	708942	154510	782073	88407	693666

4-14 各地区总承包建筑业企业应收工程款及企业亏损情况

地 区	应收工程款（万元）	企业个数（个）	#亏损企业个数	亏损企业的比重（%）
全国总计	**703311411**	**113332**	**24083**	**21.2**
北 京	41719901	972	253	26.0
天 津	13635889	1061	318	30.0
河 北	19296402	3241	810	25.0
山 西	23345910	2600	664	25.5
内蒙古	6723976	1003	288	28.7
辽 宁	14952825	3539	1055	29.8
吉 林	8342628	1870	390	20.9
黑龙江	5260643	1648	436	26.5
上 海	24294604	1382	316	22.9
江 苏	62574540	9675	1241	12.8
浙 江	37011658	7915	2711	34.3
安 徽	31462230	6979	1373	19.7
福 建	18596243	6817	1149	16.9
江 西	17425546	5867	908	15.5
山 东	54670989	8293	1776	21.4
河 南	29579887	6665	1168	17.5
湖 北	42310823	5124	635	12.4
湖 南	16896611	3333	405	12.2
广 东	56079709	6770	1844	27.2
广 西	10919800	2507	835	33.3
海 南	1772805	292	71	24.3
重 庆	17836556	2845	408	14.3
四 川	39849551	7805	1059	13.6
贵 州	15849197	1999	654	32.7
云 南	24763226	3708	889	24.0
西 藏	1187100	499	96	19.2
陕 西	38492676	3523	703	20.0
甘 肃	11663832	2408	601	25.0
青 海	1615717	540	163	30.2
宁 夏	2789010	661	236	35.7
新 疆	12390928	1791	628	35.1

4-15 各地区总承包建筑业企业主要经济效益指标

地 区	产值利润率 (%)	资本利润率 (%)	人均利润 (元/人)	资产负债率 (%)
全国总计	**2.9**	**21.5**	**13911**	**73.4**
北 京	5.0	21.7	34321	68.9
天 津	2.0	10.1	18427	80.5
河 北	1.7	12.2	9557	76.8
山 西	2.8	14.5	12876	75.8
内蒙古	3.1	11.2	15585	71.1
辽 宁	0.9	4.6	5765	78.2
吉 林	2.6	12.0	13247	71.4
黑龙江	2.6	9.3	10039	80.1
上 海	2.6	16.7	18142	80.0
江 苏	3.3	32.6	13465	60.8
浙 江	1.4	12.6	5845	71.2
安 徽	2.7	25.5	13770	77.2
福 建	3.0	37.7	10018	62.0
江 西	2.5	26.1	12408	73.1
山 东	3.0	21.5	16497	78.0
河 南	2.6	16.5	11220	72.5
湖 北	3.3	32.6	24017	73.6
湖 南	3.0	37.3	14685	70.6
广 东	2.1	14.6	12595	78.1
广 西	2.9	18.1	13699	75.7
海 南	4.2	20.2	24692	77.5
重 庆	3.0	35.4	13453	73.0
四 川	3.7	29.1	15283	74.4
贵 州	2.9	18.1	14227	79.5
云 南	3.6	13.8	17563	68.4
西 藏	3.5	13.9	18367	65.9
陕 西	2.8	20.5	14628	79.5
甘 肃	3.1	15.8	15487	73.1
青 海	2.8	11.6	16626	71.9
宁 夏	2.0	10.0	7353	72.5
新 疆	2.0	14.3	9303	77.2

4-16 各地区按资质等级划分的总承包建筑业企业单位数

单位：个

地区	合计	特级	一级	二级及以下
全国总计	**113332**	**802**	**9934**	**102596**
北京	972	61	256	655
天津	1061	20	117	924
河北	3241	14	248	2979
山西	2600	24	142	2434
内蒙古	1003	4	90	909
辽宁	3539	14	212	3313
吉林	1870	6	82	1782
黑龙江	1648	5	102	1541
上海	1382	22	209	1151
江苏	9675	93	887	8695
浙江	7915	82	943	6890
安徽	6979	38	583	6358
福建	6817	37	657	6123
江西	5867	27	424	5416
山东	8293	69	770	7454
河南	6665	36	453	6176
湖北	5124	42	594	4488
湖南	3333	23	333	2977
广东	6770	35	748	5987
广西	2507	17	197	2293
海南	292	1	35	256
重庆	2845	8	294	2543
四川	7805	36	776	6993
贵州	1999	13	102	1884
云南	3708	13	119	3576
西藏	499		6	493
陕西	3523	39	319	3165
甘肃	2408	9	93	2306
青海	540	2	22	516
宁夏	661	3	26	632
新疆	1791	9	95	1687

4-17 各地区按资质等级划分的总承包企业建筑业总产值

单位：万元

地 区	合计	特级	一级	二级及以下
全国总计	**2830734855**	**957022397**	**1045891634**	**827820824**
北 京	126330457	85719286	34521340	6089831
天 津	42051655	27365145	9966999	4719512
河 北	67903640	13084552	33262164	21556923
山 西	58237369	26233798	16692831	15310740
内 蒙 古	14414279	4431925	4386848	5595506
辽 宁	36584996	6375135	13578448	16631413
吉 林	19119724	956936	6966251	11196536
黑 龙 江	13346507	2316557	6055824	4974126
上 海	89482246	48068877	28662043	12751326
江 苏	376031020	160765358	121317201	93948460
浙 江	214502840	69747467	87493300	57262073
安 徽	107424409	37027040	33354049	37043320
福 建	160165624	32091413	86961936	41112275
江 西	99832844	18046588	50079735	31706521
山 东	169365592	69361514	63258385	36745693
河 南	100431584	35466789	32508527	32456269
湖 北	193157848	88263244	65180760	39713843
湖 南	140417519	44051878	51732436	44633204
广 东	210002915	41393194	103284936	65324785
广 西	54491571	16161799	18282791	20046981
海 南	4261990	90078	2054551	2117361
重 庆	88769142	9082543	38925457	40761143
四 川	161041992	44261930	54946170	61833892
贵 州	37840343	12694746	12888181	12257416
云 南	73542387	15614590	11253143	46674654
西 藏	2446521		80418	2366103
陕 西	96658228	36619560	34287708	25750960
甘 肃	25311008	3149171	9575607	12586230
青 海	5893259	2484208	774144	2634908
宁 夏	7090239	1112655	1670226	4307358
新 疆	34585110	4984420	11889228	17711462

4-18 各地区按资质等级划分的总承包建筑业企业签订合同额

单位：万元

地 区	合计	特级	一级	二级及以下
全国总计	**6793907364**	**2983033991**	**2390734707**	**1420138665**
北 京	478139357	357661903	111081177	9396277
天 津	160706426	113691613	37238437	9776376
河 北	168012031	34345015	93690578	39976437
山 西	133114651	67778324	35868206	29468122
内蒙古	38998187	16957035	10974783	11066369
辽 宁	75283590	17053599	33704482	24525508
吉 林	38432326	2171312	15050533	21210482
黑龙江	31726633	6764002	15401956	9560675
上 海	368931842	283941704	63802335	21187803
江 苏	583758230	249121542	201592943	133043745
浙 江	436374068	159540163	173511320	103322585
安 徽	245990241	120148513	61994015	63847713
福 建	291724699	78572688	143989499	69162512
江 西	169534177	29181400	91148104	49204673
山 东	380672538	184548199	127361715	68762624
河 南	247313479	104015397	82620188	60677894
湖 北	540343008	352598377	128802355	58942276
湖 南	305083336	155999554	90783136	58300646
广 东	671644853	173331472	352848471	145464910
广 西	116331565	35272303	43867382	37191880
海 南	14581308	454862	8001533	6124914
重 庆	162879590	26136560	84146628	52596403
四 川	436126737	147291243	168061042	120774451
贵 州	130284727	46820325	48843319	34621083
云 南	144200796	51962569	24748768	67489459
西 藏	4728554		280169	4448385
陕 西	252428084	126483933	83047546	42896604
甘 肃	58120462	9512546	23702931	24904985
青 海	22370265	12032406	5203681	5134178
宁 夏	12961050	2368531	3336436	7256083
新 疆	73110556	17276901	26031040	29802615

4-19 各地区按资质等级划分的总承包建筑业企业竣工产值

单位：万元

地区	合计	特级	一级	二级及以下
全国总计	**1282658725**	**450994174**	**451368142**	**380296409**
北京	66319221	47004539	16198395	3116287
天津	13414673	8649458	3547485	1217730
河北	24490259	5095627	10164658	9229974
山西	16892711	5441569	4962722	6488420
内蒙古	5648328	1730120	1834388	2083820
辽宁	12674455	866569	4439488	7368398
吉林	8623262	462988	2606918	5553355
黑龙江	4639210	1149905	1557588	1931718
上海	46224665	24568250	14171700	7484715
江苏	258389472	112786003	83123745	62479724
浙江	129881001	50296150	49156266	30428585
安徽	41639815	13485554	13678154	14476107
福建	66825380	13820755	38034443	14970182
江西	37371082	6243527	15582571	15544983
山东	64208590	24522930	24245682	15439978
河南	40228073	13571682	11945197	14711195
湖北	76682458	32430220	27434013	16818225
湖南	78110104	24141224	20156864	33812016
广东	73779124	13423237	39051541	21304346
广西	20977658	7968472	6715378	6293808
海南	2353324	276627	1325758	750939
重庆	37084934	2693933	16330643	18060359
四川	62219971	15416464	23244457	23559051
贵州	8210700	2431108	2977574	2802018
云南	24376815	2143541	3338874	18894401
西藏	1174178		11819	1162359
陕西	31326781	16586869	6816145	7923767
甘肃	8243938	540751	2586433	5116754
青海	2472333	1451196	253036	768100
宁夏	2919471	301074	1057974	1560424
新疆	15256739	1493833	4818233	8944672

4-20 各地区按资质等级划分的总承包建筑业企业房屋施工面积

单位：万平方米

地 区	合计	特级	一级	二级及以下
全国总计	**1479755**	**633156**	**528895**	**317704**
北 京	87314	65098	21290	926
天 津	16975	12052	4188	735
河 北	33357	7691	15380	10287
山 西	21796	13989	3386	4420
内蒙古	6834	4119	1084	1631
辽 宁	11395	1403	3874	6118
吉 林	5601	619	1536	3445
黑龙江	3542	828	1447	1267
上 海	54873	40039	12103	2731
江 苏	255598	132275	74844	48479
浙 江	161181	67738	61725	31718
安 徽	49778	16448	20050	13279
福 建	97080	20821	46365	29894
江 西	35884	8735	16083	11066
山 东	93059	45545	31017	16497
河 南	59816	29894	17983	11939
湖 北	77611	44963	22053	10596
湖 南	74725	38106	18958	17662
广 东	111047	16444	63120	31483
广 西	27275	9462	11310	6503
海 南	2085	78	1297	710
重 庆	30735	3184	18412	9139
四 川	63561	19273	28257	16031
贵 州	14105	4902	5164	4039
云 南	16025	3605	4327	8092
西 藏	366		3	363
陕 西	38865	21003	11083	6779
甘 肃	11364	1343	6404	3617
青 海	872	278	166	428
宁 夏	1711	152	578	981
新 疆	15325	3068	5410	6848

4-21 各地区按资质等级划分的总承包建筑业企业房屋竣工面积

单位：万平方米

地区	合计	特级	一级	二级及以下
全国总计	**375804**	**130892**	**133454**	**111459**
北京	13648	10564	2931	154
天津	3239	2486	571	182
河北	7662	1689	2834	3139
山西	4025	2008	927	1090
内蒙古	1330	509	332	489
辽宁	3433	245	870	2318
吉林	1989	122	581	1286
黑龙江	1157	230	560	368
上海	9359	6292	2304	763
江苏	72072	33845	21375	16853
浙江	43997	18001	16144	9851
安徽	14803	3342	6263	5198
福建	19298	4389	11250	3659
江西	12342	2185	4287	5869
山东	21260	9597	6588	5075
河南	12528	3223	4042	5262
湖北	25520	9735	10030	5754
湖南	24309	7705	6017	10587
广东	25735	3277	14366	8091
广西	5881	1924	1985	1972
海南	511	23	220	267
重庆	11274	870	5293	5111
四川	17742	3401	7408	6933
贵州	2453	595	942	916
云南	5302	453	926	3923
西藏	206		1	205
陕西	7508	3525	2007	1976
甘肃	2174	162	1041	971
青海	236	22	54	159
宁夏	580	72	227	281
新疆	4232	400	1079	2754

4-22 各地区按资质等级划分的总承包建筑业企业实收资本

单位：万元

地区	合计	特级	一级	二级及以下
全国总计	**377413676**	**108499174**	**132618676**	**136295825**
北京	29032711	18715535	8349075	1968101
天津	8370615	4520273	2261933	1588409
河北	9620907	1108890	4100863	4411154
山西	11136379	4025538	2314180	4796661
内蒙古	4051922	321860	1398321	2331741
辽宁	7266874	856257	2636081	3774536
吉林	4147412	249967	1075641	2821804
黑龙江	3657303	659991	1529545	1467768
上海	13728639	5560506	5002126	3166007
江苏	38150398	6271110	11655173	20224116
浙江	24034575	4933255	9596426	9504895
安徽	11553827	4083955	3306509	4163363
福建	12777475	1694614	5720321	5362540
江西	9444803	816605	4606755	4021443
山东	23939707	5906748	8041263	9991697
河南	15818460	3568564	4903975	7345922
湖北	19789514	6124243	8606857	5058415
湖南	11117668	4011429	3899114	3207125
广东	30120906	6764037	13590100	9766768
广西	8670609	1296762	5292693	2081154
海南	886405	30000	396739	459666
重庆	7401829	648238	3691588	3062002
四川	20501879	3780992	9316928	7403958
贵州	6058348	1983381	1820641	2254326
云南	19436125	13521713	1559438	4354974
西藏	618747		13071	605676
陕西	13301127	4699809	4115181	4486137
甘肃	4985849	1202938	1430438	2352474
青海	1441843	227015	432221	782607
宁夏	1393984	156726	279571	957688
新疆	4956836	758225	1675912	2522699

4-23 各地区按资质等级划分的总承包建筑业企业资产

单位：万元

地 区	合计	特级	一级	二级及以下
全国总计	**3427747279**	**1304692313**	**1134140614**	**988914353**
北 京	322642402	243656273	68735485	10250643
天 津	78352647	45381712	21961379	11009555
河 北	87241586	18575419	37609953	31056214
山 西	100912188	54283391	21327726	25301072
内蒙古	23861395	3550036	7997666	12313693
辽 宁	59945376	10952201	21696692	27296483
吉 林	32127607	2167552	10158303	19801752
黑龙江	25362612	6614906	10782062	7965645
上 海	143589777	75816682	47992148	19780947
江 苏	266516417	76408631	85776949	104330837
浙 江	181366373	57901187	66660609	56804578
安 徽	118368302	50859969	30356013	37152320
福 建	94762406	21135010	45061416	28565979
江 西	93048993	12756752	40604668	39687573
山 东	234015113	78944887	80920812	74149415
河 南	126629014	39124233	38599824	48904957
湖 北	205339911	110726406	54585523	40027982
湖 南	99286967	38814370	31732078	28740519
广 东	297229351	77673961	150337854	69217536
广 西	57244233	21233551	19702253	16308428
海 南	8009934	450054	4420399	3139481
重 庆	78439450	9947113	38751399	29740939
四 川	230477073	66617286	82625739	81234048
贵 州	94389151	29604417	23288291	41496443
云 南	99837272	49629806	18220945	31986521
西 藏	7147089		352390	6794699
陕 西	135492177	68598020	34812316	32081841
甘 肃	53371257	15667408	17439643	20264207
青 海	10237910	4108178	2298202	3831530
宁 夏	8636292	1176828	2150269	5309195
新 疆	53867006	12316074	17181609	24369323

4-24 各地区按资质等级划分的总承包建筑业企业所有者权益

单位：万元

地 区	合计	特级	一级	二级及以下
全国总计	**911557827**	**321315767**	**276314775**	**313927285**
北 京	100321538	82481419	15238590	2601529
天 津	15254347	8603608	3507053	3143685
河 北	20250967	3354631	7318043	9578293
山 西	24414761	11024558	4687111	8703092
内蒙古	6902649	605709	2376192	3920748
辽 宁	13093028	1739777	3743326	7609926
吉 林	9184645	563913	2270355	6350378
黑龙江	5043081	139651	2116918	2786512
上 海	28646854	13514967	9035527	6096360
江 苏	104412127	29247474	30326941	44837712
浙 江	52253834	15985242	18379098	17889494
安 徽	27042700	9947184	7501977	9593540
福 建	36010367	8126746	15764722	12118899
江 西	25063077	3043357	10869937	11149783
山 东	51431235	16712307	17502251	17216677
河 南	34781387	7543252	10203924	17034211
湖 北	54234388	24880094	16935326	12418969
湖 南	29147817	9635804	9213929	10298084
广 东	65100350	15057182	30469777	19573392
广 西	13883077	4115807	5301875	4465396
海 南	1800127	40034	713989	1046104
重 庆	21173792	2023793	8142038	11007961
四 川	59078226	12063549	19704487	27310191
贵 州	19391647	3882185	5519789	9989673
云 南	31513430	17577012	3520600	10415817
西 藏	2437254		77064	2360190
陕 西	27821927	11359318	6788159	9674450
甘 肃	14366442	4421209	3529548	6415686
青 海	2872948	985823	733146	1153979
宁 夏	2372355	258434	545449	1568472
新 疆	12257451	2381730	4277636	5598084

4-25 各地区按资质等级划分的总承包建筑业企业负债

单位：万元

地区	合计	特级	一级	二级及以下
全国总计	**2516189453**	**983376546**	**857825839**	**674987068**
北京	222320863	161174855	53496895	7649114
天津	63098300	36778104	18454326	7865870
河北	66990618	15220788	30291909	21477921
山西	76497427	43258832	16640615	16597980
内蒙古	16958746	2944327	5621474	8392945
辽宁	46852348	9212424	17953366	19686558
吉林	22942962	1603639	7887948	13451375
黑龙江	20319531	6475255	8665144	5179133
上海	114942923	62301716	38956621	13684587
江苏	162104290	47161157	55450008	59493125
浙江	129112540	41915945	48281512	38915084
安徽	91325602	40912785	22854037	27558780
福建	58752039	13008264	29296695	16447080
江西	67985916	9713395	29734731	28537790
山东	182583879	62232580	63418561	56932737
河南	91847626	31580981	28395899	31870746
湖北	151105523	85846312	37650198	27609013
湖南	70139151	29178566	22518149	18442435
广东	232129001	62616779	119868077	49644144
广西	43361155	17117745	14400379	11843032
海南	6209807	410021	3706410	2093377
重庆	57265658	7923319	30609361	18732978
四川	171398847	54553737	62921252	53923858
贵州	74997504	25722232	17768502	31506770
云南	68323843	32052794	14700345	21570703
西藏	4709835		275326	4434508
陕西	107670250	57238702	28024157	22407391
甘肃	39004816	11246199	13910095	13848521
青海	7364962	3122355	1565056	2677551
宁夏	6263937	918394	1604819	3740724
新疆	41609555	9934344	12903972	18771239

4-26 各地区按资质等级划分的总承包建筑业企业营业收入

单位：万元

地　区	合计	特级	一级	二级及以下
全国总计	**2526578097**	**936068263**	**865558978**	**724950856**
北　京	155595311	112502194	36375733	6717384
天　津	43921557	26405176	12087981	5428400
河　北	59686174	11092613	28670326	19923236
山　西	62241038	32997977	12926394	16316668
内蒙古	15758944	3758860	5001011	6999073
辽　宁	33115042	5663352	11343403	16108288
吉　林	17707991	848203	6356856	10502932
黑龙江	15367456	2757209	6596403	6013843
上　海	126776262	77970234	31967812	16838216
江　苏	310913829	131697750	97653390	81562689
浙　江	174314175	54126781	69078735	51108659
安　徽	91730481	35219784	24766817	31743880
福　建	121284602	25291414	62176288	33816900
江　西	66337046	11053183	30853386	24430478
山　东	160499287	67440764	55595457	37463065
河　南	84250300	28218591	25965833	30065876
湖　北	160096733	81160916	48757543	30178275
湖　南	109302036	36028105	37885835	35388095
广　东	205770019	46250696	100633008	58886314
广　西	38494822	12361672	12271206	13861945
海　南	4749517	105618	2574804	2069095
重　庆	67918343	7206450	27270655	33441238
四　川	147724958	43590684	51998352	52135922
贵　州	33262511	11712869	9764482	11785159
云　南	51426211	14151179	8826570	28448461
西　藏	2878236		81585	2796651
陕　西	88217508	43037430	23887821	21292257
甘　肃	25828207	3360287	9741070	12726850
青　海	8490699	3634606	1398561	3457532
宁　夏	7808699	1240941	1699664	4868094
新　疆	35110104	5182724	11351999	18575381

4-27 各地区按资质等级划分的总承包建筑业企业利税总额

单位：万元

地区	合计	特级	一级	二级及以下
全国总计	**142715955**	**44453959**	**47204702**	**51057294**
北京	8460895	6800276	1407889	252730
天津	1467897	769572	434059	264267
河北	2485154	371934	1178428	934792
山西	3039318	1576629	544980	917709
内蒙古	931376	175280	318207	437889
辽宁	1215063	-11687	383263	843487
吉林	1063962	30097	337600	696266
黑龙江	811152	96152	377332	337668
上海	3997770	2197839	993687	806245
江苏	20995245	7074519	6893853	7026873
浙江	7473531	2141608	2929855	2402068
安徽	5117972	1545929	1545740	2026303
福建	8090564	1310857	4269925	2509782
江西	4315985	574888	1723943	2017155
山东	9019020	3457100	3052300	2509620
河南	4914554	825989	1374986	2713578
湖北	10870005	4198266	3599567	3072173
湖南	7613736	1649581	2686017	3278138
广东	8387100	1696116	4053792	2637192
广西	2495578	828193	798828	868558
海南	323385	6494	156567	160324
重庆	5025941	345050	1557601	3123291
四川	9788298	2520501	3309757	3958040
贵州	2053406	570606	489185	993615
云南	4315546	1483739	360725	2471083
西藏	176327		5922	170405
陕西	4458958	1607314	1258664	1592979
甘肃	1636109	283439	472309	880360
青海	348624	114609	95266	138750
宁夏	332470	63208	48869	220392
新疆	1491014	149862	545591	795561

4-28 各地区按资质等级划分的总承包建筑业企业利润总额

单位：万元

地 区	合计	特级	一级	二级及以下
全国总计	**81043105**	**29394894**	**25638939**	**26009272**
北 京	6313732	5474287	761894	77551
天 津	846029	500073	220107	125849
河 北	1176674	177220	644282	355172
山 西	1611271	1005404	220906	384961
内蒙古	453679	103137	159786	190756
辽 宁	330731	-97085	146547	281269
吉 林	498761	19692	147915	331154
黑龙江	341911	36096	186358	119457
上 海	2298900	1568709	419082	311109
江 苏	12421319	4032097	4096161	4293061
浙 江	3019011	936207	1228046	854758
安 徽	2943457	1038750	875801	1028906
福 建	4822852	774567	2595774	1452511
江 西	2468083	322327	986083	1159674
山 东	5153228	2440502	1452502	1260224
河 南	2607598	438243	697563	1471792
湖 北	6451984	2860397	1976245	1615341
湖 南	4147611	1095733	1444887	1606991
广 东	4398480	908428	2322640	1167412
广 西	1573605	553151	534233	486221
海 南	178809	4889	91263	82657
重 庆	2618952	194148	733298	1691506
四 川	5974135	1908950	1968939	2096246
贵 州	1097903	355218	214990	527695
云 南	2679370	1159426	165285	1354659
西 藏	86278		4680	81598
陕 西	2726930	1184651	755563	786716
甘 肃	785778	187200	220466	378113
青 海	167134	83776	48601	34757
宁 夏	139960	42101	17246	80612
新 疆	708942	86601	301797	320543

4-29　各地区按资质等级划分的总承包建筑业企业税金总额

单位：万元

地　区	合计	特级	一级	二级及以下
全国总计	**61672850**	**15059065**	**21565763**	**25048022**
北　京	2147162	1325989	645995	175179
天　津	621869	269499	213952	138418
河　北	1308480	194714	534146	579620
山　西	1428047	571225	324074	532748
内蒙古	477697	72143	158421	247133
辽　宁	884332	85398	236715	562219
吉　林	565201	10405	189684	365112
黑龙江	469241	60056	190974	218212
上　海	1698870	629130	574605	495136
江　苏	8573925	3042422	2797692	2733812
浙　江	4454519	1205400	1701809	1547310
安　徽	2174515	507179	669939	997396
福　建	3267712	536290	1674151	1057271
江　西	1847902	252561	737860	857481
山　东	3865792	1016598	1599798	1249396
河　南	2306956	387746	677423	1241787
湖　北	4418021	1337869	1623321	1456831
湖　南	3466125	553848	1241131	1671147
广　东	3988620	787688	1731152	1469780
广　西	921973	275042	264595	382336
海　南	144575	1605	65304	77666
重　庆	2406990	150902	824303	1431784
四　川	3814163	611551	1340818	1861794
贵　州	955504	215388	274195	465921
云　南	1636177	324313	195440	1116424
西　藏	90049		1242	88807
陕　西	1732028	422663	503101	806264
甘　肃	850331	96240	251843	502248
青　海	181490	30833	46665	103992
宁　夏	192510	21107	31624	139780
新　疆	782073	63261	243793	475018

4-30 各地区按资质等级划分的总承包建筑业企业主营业务收入

单位：万元

地区	合计	特级	一级	二级及以下
全国总计	**2463581847**	**929415597**	**848789013**	**685377237**
北京	154588191	111988745	35954648	6644798
天津	43400990	26234368	11845245	5321377
河北	59190481	11014225	28478892	19697364
山西	60996819	32879221	12699579	15418019
内蒙古	15418081	3753969	4982148	6681964
辽宁	32061117	5589453	11148315	15323350
吉林	16398864	845910	6206863	9346091
黑龙江	14498673	2741221	6477425	5280027
上海	126055993	77839200	31605333	16611461
江苏	307191813	131201725	96863047	79127041
浙江	172994812	53891722	68694726	50408364
安徽	89605750	34022306	24611426	30972018
福建	115316798	25244218	59530598	30541983
江西	63362519	11022152	30290396	22049972
山东	156399217	66741906	54830760	34826552
河南	82448654	27886490	25608521	28953642
湖北	158253817	80777323	48359433	29117062
湖南	100234059	35874578	34170669	30188812
广东	199958566	45793283	98712376	55452907
广西	37714075	12311197	11999353	13403526
海南	4664560	102258	2532457	2029845
重庆	65079946	7168520	26545489	31365937
四川	143907869	43389184	50721390	49797295
贵州	31461813	11648117	9604828	10208867
云南	51034371	14016974	8768394	28249004
西藏	2367154		80107	2287047
陕西	85018333	42139003	23432476	19446854
甘肃	24286879	3288995	9688627	11309257
青海	8273958	3610094	1369322	3294542
宁夏	7755153	1239782	1689463	4825908
新疆	33642524	5159460	11286711	17196352

4-31 各地区按资质等级划分的总承包建筑业企业管理费用

单位：万元

地区	合计	特级	一级	二级及以下
全国总计	**68004090**	**14162511**	**21358390**	**32483189**
北京	3667858	1909007	1217663	541188
天津	1074094	403901	340526	329667
河北	1870490	288196	724503	857791
山西	1739020	523172	401857	813991
内蒙古	620062	58686	208546	352831
辽宁	1387220	163024	369441	854755
吉林	645036	24252	160273	460511
黑龙江	539918	64532	178294	297091
上海	2579900	809812	835868	934220
江苏	7328983	1667993	2048005	3612985
浙江	5055759	841664	1740803	2473292
安徽	2422795	586907	537492	1298397
福建	3646299	341866	1638797	1665636
江西	2033722	223111	839979	970633
山东	4323258	834293	1464893	2024072
河南	2353045	501049	635119	1216877
湖北	3567354	1166266	1128538	1272550
湖南	2860264	550406	987659	1322199
广东	4983806	653416	1857537	2472852
广西	1167128	259791	329860	577477
海南	152375	1952	65626	84798
重庆	2339988	126164	746882	1466942
四川	4085091	702867	1271687	2110537
贵州	870124	174513	201225	494386
云南	1907060	265297	259822	1381941
西藏	165348		7442	157906
陕西	2116730	730262	530596	855872
甘肃	828472	72661	254258	501554
青海	273972	88459	37085	148428
宁夏	289207	26633	45370	217204
新疆	1109714	102357	292748	714609

4-32 各地区按资质等级划分的总承包建筑业企业财务费用

单位：万元

地 区	合计	特级	一级	二级及以下
全国总计	**14216048**	**5326607**	**4806723**	**4082718**
北 京	697475	584825	103196	9454
天 津	203593	104105	66246	33243
河 北	474053	104642	177974	191436
山 西	405777	273908	92148	39721
内蒙古	86588	20005	21995	44588
辽 宁	287022	67702	98210	121109
吉 林	171719	11751	79254	80714
黑龙江	75644	33975	28831	12838
上 海	291104	162876	110624	17604
江 苏	1577711	546057	485921	545734
浙 江	634597	193118	232253	209226
安 徽	555904	271004	121997	162903
福 建	379457	89619	183944	105894
江 西	482940	100952	197930	184058
山 东	1108981	302225	467698	339058
河 南	686155	301122	193796	191237
湖 北	677710	343936	180573	153201
湖 南	663371	254607	191458	217306
广 东	1063712	272306	553477	237929
广 西	304803	92737	153230	58837
海 南	18969	2487	8066	8416
重 庆	503624	60052	269705	173867
四 川	1013746	217197	370709	425840
贵 州	314530	148575	92793	73162
云 南	570912	382259	62733	125919
西 藏	16368		-544	16912
陕 西	376190	179125	90218	106847
甘 肃	232228	67120	91556	73552
青 海	35787	19587	10322	5878
宁 夏	26486	4618	9010	12857
新 疆	278897	114118	61399	103380

4-33 各地区按资质等级划分的总承包建筑业企业应收工程款

单位：万元

地区	合计	特级	一级	二级及以下
全国总计	**703311411**	**219910789**	**258904005**	**224496616**
北京	41719901	26140328	13141330	2438242
天津	13635889	5544632	5610563	2480694
河北	19296402	3522040	8103624	7670737
山西	23345910	9670921	7138692	6536297
内蒙古	6723976	951482	2790593	2981901
辽宁	14952825	2677874	4898480	7376471
吉林	8342628	805925	2807882	4728821
黑龙江	5260643	803044	2458993	1998606
上海	24294604	11011843	8920413	4362348
江苏	62574540	17006092	21777158	23791290
浙江	37011658	10425667	14817939	11768052
安徽	31462230	12152410	8995135	10314685
福建	18596243	2759194	9780456	6056594
江西	17425546	2326521	8544279	6554747
山东	54670989	17228679	21232787	16209523
河南	29579887	7815626	9307593	12456668
湖北	42310823	18488402	14180806	9641616
湖南	16896611	5275794	5999086	5621732
广东	56079709	10413108	29487376	16179225
广西	10919800	3519717	3335165	4064918
海南	1772805	9444	977001	786361
重庆	17836556	2240159	8451994	7144404
四川	39849551	8546715	16471426	14831410
贵州	15849197	4962901	5183128	5703168
云南	24763226	10189957	5521357	9051912
西藏	1187100		69872	1117228
陕西	38492676	20516295	9612644	8363737
甘肃	11663832	2312333	3989317	5362182
青海	1615717	494234	285960	835524
宁夏	2789010	278587	652451	1857972
新疆	12390928	1820868	4360506	6209555

4-34 各地区专业承包建筑业企业签订合同情况

单位：万元

地　区	签订合同额	上年结转合同额	本年新签合同额
全国总计	**494011961**	**194464147**	**299547813**
北　京	23400527	9727836	13672691
天　津	14774860	6454657	8320203
河　北	7206069	2271242	4934827
山　西	5304797	2176783	3128014
内蒙古	1169767	395435	774332
辽　宁	10965256	3226786	7738469
吉　林	7163572	2181118	4982454
黑龙江	2205910	1003010	1202900
上　海	16545372	6596774	9948598
江　苏	58062215	18876650	39185564
浙　江	41307885	16373471	24934414
安　徽	25350082	9450299	15899783
福　建	21615266	8481035	13134230
江　西	15798310	7112704	8685606
山　东	26527539	7529070	18998469
河　南	20863460	5770443	15093017
湖　北	25731542	13133116	12598425
湖　南	15467000	4876166	10590834
广　东	86317381	41246577	45070803
广　西	4709963	2139409	2570554
海　南	1245259	622207	623053
重　庆	10168999	4110979	6058020
四　川	22805032	9342966	13462066
贵　州	3660080	1771904	1888176
云　南	8727933	3288269	5439664
西　藏	82013	14219	67794
陕　西	10899157	4299280	6599878
甘　肃	2595289	945979	1649310
青　海	606720	142805	463916
宁　夏	465125	129321	335804
新　疆	2269582	773637	1495945

4-35 各地区专业承包建筑业企业承包工程完成情况

单位：万元

地区	直接从建设单位承揽工程完成的产值	自行完成施工产值	分包出去工程的产值	从建设单位以外承揽工程完成的产值
全国总计	**266483912**	**257588733**	**8895179**	**55611723**
北京	11185477	10449286	736191	6405016
天津	7932794	6264907	1667887	2719177
河北	4328255	4253694	74561	432836
山西	2788417	2740664	47753	618307
内蒙古	567776	541789	25987	36522
辽宁	6547561	6405416	142145	388145
吉林	2379744	2376537	3207	695148
黑龙江	1186209	1176144	10065	49227
上海	8342147	7860389	481758	3490388
江苏	36562917	36259025	303892	10222457
浙江	24728282	24357183	371099	5697941
安徽	13289241	13210952	78288	3407406
福建	12579545	12463381	116164	1325609
江西	7952456	7690747	261709	496863
山东	15933418	15369776	563642	3083567
河南	12928094	12691720	236374	1808702
湖北	12815789	12653561	162228	1976433
湖南	10368698	10253713	114985	920506
广东	40202338	37605198	2597141	6383939
广西	2182209	2114575	67634	287387
海南	626127	604498	21630	59240
重庆	5621299	5377888	243411	1214439
四川	10726880	10431125	295755	1252246
贵州	1508346	1501394	6952	87542
云南	4510004	4416017	93987	881030
西藏	63286	62774	512	544
陕西	5336388	5260474	75914	1234878
甘肃	1452903	1416847	36056	246932
青海	358506	350716	7790	13859
宁夏	338947	335637	3310	12678
新疆	1139860	1092706	47153	162763

4-36 各地区专业承包企业建筑业总产值和竣工产值

单位：万元

地 区	建筑业总产值	#装饰装修产 值	#在外省完成的产值	按构成分组			竣工产值
				建筑工程产值	安装工程产值	其他产值	
全国总计	**313200456**	**70915819**	**84017630**	**231908354**	**66372122**	**14919980**	**130243207**
北 京	16854302	6461759	8806816	14859663	1795139	199500	8596630
天 津	8984084	622648	2047679	6147787	1834071	1002226	3049023
河 北	4686530	548828	909570	3407332	1226340	52858	2098292
山 西	3358972	381994	679443	2291018	803768	264185	1386351
内蒙古	578310	37842	19660	285777	258575	33959	210633
辽 宁	6793561	782513	1409959	4717557	1628785	447218	2065537
吉 林	3071685	462193	444028	2009980	950103	111602	1335918
黑龙江	1225371	165935	128948	803952	187460	233959	336653
上 海	11350777	4327497	4547781	8397046	2641580	312151	5320146
江 苏	46481482	15292063	16141156	36902557	9015130	563796	29829215
浙 江	30055124	9545235	5655903	22278411	6610913	1165800	13488280
安 徽	16618358	1452610	4291702	11421625	3091113	2105620	5347794
福 建	13788990	2372853	4603501	11090225	2188812	509953	4329795
江 西	8187609	2483856	2666011	6664055	1199005	324549	2344854
山 东	18453343	4179550	3401845	12709316	4592371	1151657	7593434
河 南	14500422	1949524	2183039	9865930	3570845	1063647	5705516
湖 北	14629994	1863252	3562439	10157734	3736964	735295	7116452
湖 南	11174219	1164962	4150351	7322282	3236487	615451	5448837
广 东	43989137	12041811	10831398	33323892	8802783	1862462	10993464
广 西	2401961	188688	123871	1839950	518375	43636	508367
海 南	663738	128084	38954	385968	228382	49388	189077
重 庆	6592328	1537313	1870692	4442047	1513527	636754	2018180
四 川	11683371	1372797	2520080	7735333	3454726	493311	5215000
贵 州	1588936	143729	209460	1081980	413182	93774	624362
云 南	5297047	347335	403166	3848922	1115582	332544	2042377
西 藏	63318	4809	981	55425	4919	2974	32323
陕 西	6495352	740041	2178061	5190968	937888	366496	1564467
甘 肃	1663779	137539	113161	1268113	332600	63065	675965
青 海	364574	1049	24925	308874	54904	796	134834
宁 夏	348314	12649	29139	309058	32209	7047	185566
新 疆	1255470	164862	23913	785577	395584	74309	455869

4-37 各地区专业承包建筑业企业房屋建筑面积

地　区	房　屋 施工面积 (万平方米)	#本年新开工	房　屋 竣工面积 (万平方米)	房屋竣工率 (%)
全国总计	**51171**	**21514**	**17596**	**34.4**
北　京	839	312	175	20.9
天　津	910	210	301	33.0
河　北	689	330	261	37.8
山　西	608	305	204	33.6
内 蒙 古	38	29	7	18.3
辽　宁	363	108	112	30.9
吉　林	597	177	145	24.3
黑 龙 江	63	13	27	43.2
上　海	549	267	430	78.2
江　苏	3621	1229	1028	28.4
浙　江	6843	3168	2604	38.0
安　徽	10080	5169	1362	13.5
福　建	1987	725	702	35.3
江　西	1192	681	596	50.0
山　东	4932	1371	2124	43.1
河　南	1576	586	892	56.6
湖　北	2738	745	1457	53.2
湖　南	1947	656	1290	66.3
广　东	6868	3263	1464	21.3
广　西	288	62	70	24.2
海　南	38	10	10	24.9
重　庆	866	464	566	65.3
四　川	1478	730	967	65.4
贵　州	311	152	72	23.1
云　南	773	397	358	46.3
西　藏	1	1	17	
陕　西	797	292	277	34.8
甘　肃	53	17	17	31.1
青　海	5	1	5	92.7
宁　夏	6	3	4	70.4
新　疆	113	44	54	48.2

4-38 各地区按主要用途分的专业承包建筑业企业房屋竣工面积

单位：万平方米

地　区	总计	住宅房屋	商业及服务用房屋	办公用房　屋	科研、教育和医疗用房屋
全国总计	**17596**	**7134**	**1340**	**609**	**625**
北　京	175	38	8	2	3
天　津	301	108	44	31	22
河　北	261	107	25	11	7
山　西	204	106	27	5	2
内蒙古	7	3	2	1	
辽　宁	112	61	12	3	2
吉　林	145	100	6	16	3
黑龙江	27	16	0	0	
上　海	430	5	7	0	16
江　苏	1028	402	92	14	13
浙　江	2604	628	105	31	33
安　徽	1362	557	81	92	28
福　建	702	347	59	24	23
江　西	596	319	58	13	21
山　东	2124	948	81	61	75
河　南	892	470	48	24	46
湖　北	1457	490	303	127	55
湖　南	1290	645	25	31	84
广　东	1464	437	134	52	71
广　西	70	7	5	1	0
海　南	10	6	0	0	3
重　庆	566	307	45	7	46
四　川	967	578	83	25	37
贵　州	72	40	18	1	7
云　南	358	213	28	10	19
西　藏	17	13	0	0	0
陕　西	277	169	35	25	3
甘　肃	17	3	4	1	1
青　海	5	2	1	0	0
宁　夏	4	0		0	0
新　疆	54	10	3	1	3

4-38 续表 单位：万平方米

地 区	文化、体育和娱乐用房屋	厂房及建筑物	仓 库	其他未列明的房屋建筑物
全国总计	**289**	**6044**	**390**	**1166**
北 京		123	0	1
天 津	14	77	1	5
河 北	1	73	2	33
山 西	1	55	1	7
内蒙古		0		
辽 宁	0	33	1	1
吉 林	4	9	2	4
黑龙江		9		2
上 海	1	249	150	1
江 苏	13	450	6	38
浙 江	56	1585	65	100
安 徽	22	546	9	29
福 建	6	218	4	22
江 西	15	122	4	44
山 东	28	694	12	224
河 南	51	185	14	54
湖 北	17	258	10	198
湖 南	2	415	68	20
广 东	11	507	18	235
广 西	0	41	2	14
海 南				
重 庆	13	100	1	47
四 川	19	181	12	31
贵 州	0	5		0
云 南	12	44	5	27
西 藏		0	0	4
陕 西	1	27	0	17
甘 肃	0	4		4
青 海		0	1	0
宁 夏	0	2	0	1
新 疆		31	2	4

4-39 各地区按主要用途分的专业承包建筑业企业房屋竣工价值

单位：万元

地　区	总计	住宅房屋	商业及服务用房屋	办公用房　屋	科研、教育和医疗用房屋
全国总计	**20346047**	**7561845**	**2512815**	**1223588**	**1049804**
北　京	349486	111636	21669	6274	7326
天　津	268946	70027	46650	25615	21213
河　北	451538	95245	227151	15248	24850
山　西	122000	26380	12983	6867	11649
内蒙古	10829	6143	2530	1170	
辽　宁	123721	57609	14905	6585	6801
吉　林	183074	59892	6614	46479	5336
黑龙江	14015	10270	10	5	
上　海	152441	1849	5256	595	2290
江　苏	1403252	599374	128310	26794	16522
浙　江	3259884	939991	256047	32339	70735
安　徽	1889354	657534	130316	229065	50452
福　建	872233	331980	75254	48087	39587
江　西	708845	403039	45277	11677	40328
山　东	1411523	350710	96235	76082	81847
河　南	716393	329760	60163	26903	32130
湖　北	3105287	952729	892155	517226	363252
湖　南	1041192	709593	25522	20236	46560
广　东	1419448	386809	160415	33498	87622
广　西	113027	14445	15386	1426	214
海　南	20998	8471	497	871	11160
重　庆	422522	233422	55086	9881	19006
四　川	1023215	574755	88606	22254	54268
贵　州	58912	6281	8887	1250	32169
云　南	653200	394390	77005	38544	11743
西　藏	20184	10069	20	20	418
陕　西	321261	98063	44761	14888	3281
甘　肃	28632	4984	5838	656	1693
青　海	22949	15621	1720	1055	7
宁　夏	8377	489		22	1608
新　疆	149312	100289	7547	1976	5738

4-39 续表

单位：万元

地　区	文化、体育和娱乐用房屋	厂房及建筑物	仓　库	其他未列明的房屋建筑物
全国总计	**298869**	**6430042**	**207938**	**1061147**
北　京		199697	662	2223
天　津	6434	90177	1071	7757
河　北	1455	67617	1656	18317
山　西	15	53230	1006	9870
内蒙古		986		
辽　宁	84	31340	2928	3470
吉　林	25347	9610	646	29151
黑龙江		3630		100
上　海	3391	114140	24351	570
江　苏	48968	536806	11766	34712
浙　江	39889	1781524	44811	94549
安　徽	11892	757925	8870	43299
福　建	8503	331302	5393	32126
江　西	27657	136228	3691	40948
山　东	36247	646335	10874	113194
河　南	32005	181747	18190	35496
湖　北	12055	179999	4995	182877
湖　南	1020	170660	36873	30727
广　东	17224	521257	16576	196046
广　西	550	56532	1623	22852
海　南				
重　庆	3241	65584	284	36018
四　川	8875	226234	1507	46716
贵　州	399	9312		615
云　南	10126	86961	2562	31868
西　藏		10	100	9547
陕　西	2205	140874	247	16944
甘　肃	1219	3466		10776
青　海		1288	2258	1000
宁　夏	69	3189	103	2898
新　疆		22384	4897	6481

4-40 各地区专业承包建筑业企业主要生产效益指标

地　区	建筑业企业个数（个）	从事建筑业活动的平均人数（人）	按总产值计算的劳动生产率（元/人）	人均竣工产值（元/人）	人均施工面积（平方米/人）	人均竣工面积（平方米/人）
全国总计	**45808**	**7847609**	**399103**	**165965**	**65.2**	**22.4**
北　京	1734	440661	382478	195085	19.0	4.0
天　津	2318	322899	278232	94427	28.2	9.3
河　北	877	107571	435669	195061	64.1	24.2
山　西	1234	93773	358202	147841	64.9	21.8
内蒙古	132	14707	393221	143219	25.6	4.7
辽　宁	2423	135357	501899	152599	26.9	8.3
吉　林	794	68894	445857	193909	86.6	21.0
黑龙江	449	43592	281100	77228	14.4	6.2
上　海	1078	213022	532845	249746	25.8	20.2
江　苏	5140	1306895	355663	228245	27.7	7.9
浙　江	2912	688794	436344	195825	99.4	37.8
安　徽	2030	403033	412332	132689	250.1	33.8
福　建	2464	443590	310850	97608	44.8	15.8
江　西	1043	158982	515002	147492	75.0	37.5
山　东	4277	465505	396416	163122	106.0	45.6
河　南	3377	446430	324808	127803	35.3	20.0
湖　北	1821	260059	562564	273648	105.3	56.0
湖　南	880	291149	383797	187149	66.9	44.3
广　东	4806	891845	493237	123267	77.0	16.4
广　西	362	49040	489796	103664	58.8	14.2
海　南	98	11387	582891	166046	33.7	8.4
重　庆	1079	230366	286168	87608	37.6	24.5
四　川	1567	309927	376972	168265	47.7	31.2
贵　州	357	46095	344709	135451	67.6	15.6
云　南	908	149048	355392	137028	51.8	24.0
西　藏	26	1415	447476	228428	4.7	122.3
陕　西	811	171889	377881	91016	46.4	16.1
甘　肃	352	29997	554648	225344	17.8	5.5
青　海	85	10734	339644	125614	5.0	4.7
宁　夏	111	9763	356770	190070	6.0	4.2
新　疆	263	31190	402523	146159	36.2	17.5

4-41 各地区专业承包建筑业企业资产构成

单位：万元

地区	资产总计	#流动资产合计	#存货
全国总计	**389660944**	**325966789**	**34552162**
北京	28734357	24505133	1530792
天津	17735827	14628838	1059971
河北	7899114	6839644	1331932
山西	6563280	5534619	502998
内蒙古	1322084	865755	153315
辽宁	11973230	9880699	1383183
吉林	3983400	3355044	356758
黑龙江	1815384	1531202	249346
上海	16014614	13711578	1460524
江苏	49659478	40386772	5233480
浙江	30200022	25148060	3835238
安徽	15958657	12597967	1006942
福建	11518169	9366521	1019685
江西	6369208	4729202	672542
山东	27752084	23533820	3205705
河南	17266411	14387279	1229761
湖北	15538608	12941581	1101878
湖南	8850611	7278363	685889
广东	60233741	52718926	4557625
广西	3186490	2533103	235632
海南	831195	687495	62511
重庆	8338355	6782341	638029
四川	14600281	12079066	1140317
贵州	3434216	2835143	304768
云南	5940198	5125105	460557
西藏	104961	87877	15779
陕西	8656158	7576971	627085
甘肃	2462285	2034924	182749
青海	498662	435190	42791
宁夏	462866	362057	40677
新疆	1757001	1486516	223702

4-42 各地区专业承包建筑业企业固定资产情况

单位：万元

地 区	固定资产原价	累计折旧	#本年折旧	在建工程
全国总计	**35649656**	**17462709**	**2957196**	**3253365**
北 京	1717137	896202	98497	84971
天 津	2164367	1154547	156248	132319
河 北	711838	397385	50025	42969
山 西	772904	373934	68173	70063
内蒙古	336418	158625	16696	3883
辽 宁	1434341	806268	95736	69228
吉 林	406071	225832	42610	65517
黑龙江	219219	121143	21012	22932
上 海	1517725	786927	111055	91807
江 苏	5846694	2659222	451578	581429
浙 江	3378895	1525022	234353	261486
安 徽	1257011	626987	144642	130759
福 建	1146922	581087	111572	91620
江 西	601344	305030	67925	66014
山 东	2406544	1158777	242791	240290
河 南	1596893	739607	134592	136661
湖 北	1282219	598811	108802	109362
湖 南	938812	503365	105198	61045
广 东	3410426	1586150	287745	322400
广 西	289254	146553	25877	18481
海 南	91540	55676	10903	30144
重 庆	548430	274786	58228	209569
四 川	1356828	677738	110607	234819
贵 州	233617	76679	21321	18346
云 南	714269	382353	64745	43006
西 藏	8773	2223	582	1127
陕 西	571456	307566	51248	69870
甘 肃	232747	119671	26614	22842
青 海	40379	23493	4999	3813
宁 夏	112141	50936	8008	6753
新 疆	304442	140112	24819	9843

4-43 各地区专业承包建筑业企业负债及所有者权益

单位：万元

地　　区	负债合计	#流动负债	#应付账款	所有者权益	#实收资本
全国总计	**269860973**	**225267585**	**102297016**	**119799972**	**55846729**
北　京	22067073	20632087	10041315	6667284	4111546
天　津	11858063	10012965	4252273	5877764	2646121
河　北	5505503	4880916	1989948	2393611	1075499
山　西	4249770	3566293	1770109	2313509	1267056
内蒙古	719405	592712	293794	602679	159670
辽　宁	7944103	5741316	2475367	4029128	2044609
吉　林	2645629	2206122	982923	1337772	630411
黑龙江	1088580	806515	403327	726804	359310
上　海	11284356	9441110	4513458	4730259	2089886
江　苏	29824893	25704254	12601537	19834585	8116910
浙　江	21419195	19722309	9044998	8780828	4455941
安　徽	11635051	8473960	3650672	4323606	1441262
福　建	6841270	5014736	2031058	4676900	2274593
江　西	4397549	3301543	1057804	1971659	1083372
山　东	20431612	16537767	7661245	7320472	3203725
河　南	9894789	8170002	3110528	7371622	3454700
湖　北	10962390	8832455	4289145	4576218	2106369
湖　南	6011104	4631829	2105454	2839507	1070928
广　东	44462541	38354424	16491614	15771200	7087928
广　西	2513313	1943847	898100	673176	383028
海　南	504007	375850	177058	327188	113334
重　庆	5926968	4178725	1763405	2411387	948015
四　川	10541784	8264017	3959711	4058497	1573429
贵　州	2729302	1759218	666225	704914	266966
云　南	4167794	3551612	1832027	1772405	929679
西　藏	67086	37574	11667	37875	17907
陕　西	6585290	5698286	2667591	2070868	1076254
甘　肃	1636971	1359910	697155	825314	1391812
青　海	366936	322196	214962	131726	69801
宁　夏	262837	187973	90706	200029	113544
新　疆	1315811	965063	551842	441190	283126

4-44 各地区专业承包建筑业企业收入情况

单位：万元

地区	主营业务收入	主营业务成本	主营业务税金及附加
全国总计	**301110053**	**266239134**	**1202773**
北京	20162448	17852690	68753
天津	11506779	10326955	33062
河北	5022160	4603568	18345
山西	3752518	2985416	10749
内蒙古	826753	710995	3573
辽宁	6396323	4842192	30743
吉林	3172170	2865910	11352
黑龙江	1426356	1285907	5780
上海	13030172	11582891	40839
江苏	41966807	37038478	175659
浙江	27662773	24708590	77919
安徽	15338820	13850477	55024
福建	11631395	10329757	70120
江西	4599132	4078709	26036
山东	19765023	17225214	78731
河南	13098253	11588063	70869
湖北	12983936	11602443	82718
湖南	9384798	8168570	82812
广东	43315656	38784285	108805
广西	2050954	1771056	7955
海南	632337	552461	2533
重庆	5057783	4472146	20271
四川	11736478	10489775	52082
贵州	1368244	1159295	3451
云南	5131696	4456725	27262
西藏	64281	55718	186
陕西	6196240	5562140	23718
甘肃	1503718	1299508	6311
青海	464141	417897	1625
宁夏	357848	318115	1014
新疆	1504063	1253190	4477

4-45 各地区专业承包建筑业企业费用情况

单位：万元

地 区	管理费用	销售费用	研发费用	财务费用		
					#利息收入	#利息支出
全国总计	**17686317**	**2835925**	**3364708**	**1887847**	**296725**	**4984505**
北 京	1270700	505276	272442	69096	27264	65189
天 津	693452	89027	138098	60320	4935	41515
河 北	243995	16690	39073	37147	5989	15205
山 西	309080	21324	70963	25412	3577	15166
内蒙古	88085	2973	3538	2067	148	1211
辽 宁	616447	45100	62147	20451	1990	12911
吉 林	208594	7403	21419	20759	1606	7142
黑龙江	119751	3839	4900	7280	181	4535
上 海	918615	186986	217903	55777	10641	34817
江 苏	2203567	276772	313146	313570	65416	133460
浙 江	1524281	420469	320245	131924	34269	121596
安 徽	748173	159363	147212	78238	11890	50967
福 建	677198	89631	45505	71956	2656	36241
江 西	292228	26547	18572	64061	5110	47764
山 东	1209339	133964	250950	137005	11478	81111
河 南	750734	92846	105124	80382	-2362	20864
湖 北	565847	100303	143930	65902	11896	38018
湖 南	488839	79273	128020	46761	36738	12743
广 东	2554277	313295	738405	398469	29158	258598
广 西	154559	6715	41843	9627	1753	6679
海 南	50232	3298	2498	3542	-22	1131
重 庆	363285	54635	31155	29334	4959	14913
四 川	589940	100173	109598	66698	7846	30766
贵 州	122328	24138	10946	19179	2014	6100
云 南	357996	28739	35466	22956	3509	12944
西 藏	6520	814		464	7	42
陕 西	309010	28859	73640	30227	11975	26793
甘 肃	88730	10194	12353	10408	1190	3881216
青 海	33460	560	621	1369	120	1138
宁 夏	32833	599	991	1826	88	963
新 疆	94225	6122	4005	5643	706	2768

4-46 各地区专业承包建筑业企业利润及税金情况

单位：万元

地区	利润总额	#所得税费用	税金总额	主营业务税金及附加	应交增值税
全国总计	**7979571**	**1369559**	**8515348**	**1202773**	**7312575**
北京	218643	48214	448420	68753	379667
天津	267397	35210	304646	33062	271584
河北	82456	14285	143489	18345	125144
山西	102426	10666	121065	10749	110316
内蒙古	22298	3087	29149	3573	25577
辽宁	186647	27263	217418	30743	186675
吉林	67433	10194	100892	11352	89540
黑龙江	18544	5410	42096	5780	36316
上海	197811	44735	336990	40839	296151
江苏	1771525	295795	1128886	175659	953227
浙江	502171	100176	585082	77919	507163
安徽	431078	49605	401929	55024	346905
福建	320181	57211	359245	70120	289125
江西	154903	30984	153678	26036	127642
山东	636663	85421	587400	78731	508668
河南	544697	73049	500250	70869	429381
湖北	409357	69388	463087	82718	380369
湖南	325725	49704	392924	82812	310111
广东	589991	183704	1111536	108805	1002731
广西	42170	4836	59709	7955	51754
海南	19460	5707	24949	2533	22416
重庆	195606	33430	193301	20271	173030
四川	395904	65270	327315	52082	275233
贵州	18981	5671	47081	3451	43630
云南	160181	21150	166708	27262	139445
西藏	1995	256	2510	186	2323
陕西	187019	20506	149928	23718	126210
甘肃	54649	9172	47452	6311	41141
青海	10274	1717	15432	1625	13807
宁夏	7247	1218	11112	1014	10097
新疆	36141	6526	41673	4477	37197

4-47 各地区专业承包建筑业企业应收工程款及企业亏损情况

地　区	应收工程款(万元)	企业个数(个)	#亏损企业个数	亏损企业的比重(%)
全国总计	**128784583**	**45808**	**11164**	**24.4**
北　京	10030057	1734	559	32.2
天　津	5529394	2318	696	30.0
河　北	2320037	877	202	23.0
山　西	2012645	1234	349	28.3
内蒙古	371563	132	32	24.2
辽　宁	3417539	2423	840	34.7
吉　林	1480028	794	171	21.5
黑龙江	527327	449	139	31.0
上　海	5499134	1078	309	28.7
江　苏	16586016	5140	830	16.1
浙　江	8828537	2912	878	30.2
安　徽	5436728	2030	431	21.2
福　建	3967596	2464	469	19.0
江　西	1400830	1043	207	19.8
山　东	10637287	4277	880	20.6
河　南	6787394	3377	707	20.9
湖　北	5158482	1821	324	17.8
湖　南	2756692	880	140	15.9
广　东	20313632	4806	1453	30.2
广　西	786451	362	138	38.1
海　南	284470	98	27	27.6
重　庆	3031074	1079	278	25.8
四　川	3860065	1567	277	17.7
贵　州	792836	357	98	27.5
云　南	2115160	908	262	28.9
西　藏	29936	26	9	34.6
陕　西	3039439	811	202	24.9
甘　肃	834771	352	111	31.5
青　海	197916	85	30	35.3
宁　夏	170068	111	37	33.3
新　疆	581480	263	79	30.0

4-48 各地区专业承包建筑业企业主要经济效益指标

地　区	产值利润率 (%)	资本利润率 (%)	人均利润 (元/人)	资产负债率 (%)
全国总计	**2.5**	**14.3**	**10168**	**69.3**
北　京	1.3	5.3	4962	76.8
天　津	3.0	10.1	8281	66.9
河　北	1.8	7.7	7665	69.7
山　西	3.0	8.1	10923	64.8
内蒙古	3.9	14.0	15162	54.4
辽　宁	2.7	9.1	13789	66.3
吉　林	2.2	10.7	9788	66.4
黑龙江	1.5	5.2	4254	60.0
上　海	1.7	9.5	9286	70.5
江　苏	3.8	21.8	13555	60.1
浙　江	1.7	11.3	7291	70.9
安　徽	2.6	29.9	10696	72.9
福　建	2.3	14.1	7218	59.4
江　西	1.9	14.3	9743	69.0
山　东	3.5	19.9	13677	73.6
河　南	3.8	15.8	12201	57.3
湖　北	2.8	19.4	15741	70.5
湖　南	2.9	30.4	11188	67.9
广　东	1.3	8.3	6615	73.8
广　西	1.8	11.0	8599	78.9
海　南	2.9	17.2	17090	60.6
重　庆	3.0	20.6	8491	71.1
四　川	3.4	25.2	12774	72.2
贵　州	1.2	7.1	4118	79.5
云　南	3.0	17.2	10747	70.2
西　藏	3.2	11.1	14100	63.9
陕　西	2.9	17.4	10880	76.1
甘　肃	3.3	3.9	18218	66.5
青　海	2.8	14.7	9571	73.6
宁　夏	2.1	6.4	7423	56.8
新　疆	2.9	12.8	11587	74.9

4-49 各地区按资质等级划分的专业承包建筑业企业单位数

单位：个

地区	合计	一级	二级及以下
全国总计	**45808**	**9975**	**35833**
北京	1734	579	1155
天津	2318	284	2034
河北	877	170	707
山西	1234	173	1061
内蒙古	132	18	114
辽宁	2423	331	2092
吉林	794	84	710
黑龙江	449	71	378
上海	1078	324	754
江苏	5140	972	4168
浙江	2912	790	2122
安徽	2030	696	1334
福建	2464	661	1803
江西	1043	144	899
山东	4277	978	3299
河南	3377	831	2546
湖北	1821	331	1490
湖南	880	281	599
广东	4806	1036	3770
广西	362	57	305
海南	98	27	71
重庆	1079	189	890
四川	1567	283	1284
贵州	357	47	310
云南	908	237	671
西藏	26	4	22
陕西	811	249	562
甘肃	352	62	290
青海	85	2	83
宁夏	111	15	96
新疆	263	49	214

4-50 各地区按资质等级划分的专业承包企业建筑业总产值

单位：万元

地 区	合计	一级	二级及以下
全国总计	**313200456**	**171759029**	**141441427**
北 京	16854302	11801807	5052495
天 津	8984084	2908759	6075325
河 北	4686530	1666746	3019784
山 西	3358972	1256754	2102218
内蒙古	578310	110027	468283
辽 宁	6793561	2598848	4194713
吉 林	3071685	982626	2089059
黑龙江	1225371	339512	885860
上 海	11350777	7856362	3494415
江 苏	46481482	27299251	19182231
浙 江	30055124	18209459	11845665
安 徽	16618358	9976379	6641979
福 建	13788990	7105204	6683786
江 西	8187609	3654420	4533189
山 东	18453343	10915337	7538006
河 南	14500422	8279601	6220821
湖 北	14629994	7346240	7283754
湖 南	11174219	6011780	5162439
广 东	43989137	27603128	16386009
广 西	2401961	1285366	1116595
海 南	663738	201920	461818
重 庆	6592328	2059284	4533043
四 川	11683371	4988263	6695108
贵 州	1588936	522081	1066855
云 南	5297047	2262248	3034799
西 藏	63318	5785	57533
陕 西	6495352	3381082	3114270
甘 肃	1663779	632237	1031542
青 海	364574	69121	295454
宁 夏	348314	57786	290529
新 疆	1255470	371619	883851

4-51 各地区按资质等级划分的专业承包建筑业企业签订合同额

单位：万元

地区	合计	一级	二级及以下
全国总计	**494011961**	**276893120**	**217118841**
北京	23400527	16803374	6597153
天津	14774860	7273296	7501564
河北	7206069	2906559	4299510
山西	5304797	2110889	3193908
内蒙古	1169767	202676	967091
辽宁	10965256	5368915	5596341
吉林	7163572	4339644	2823929
黑龙江	2205910	581609	1624301
上海	16545372	11948896	4596477
江苏	58062215	35597763	22464451
浙江	41307885	24281009	17026875
安徽	25350082	14744313	10605768
福建	21615266	11161795	10453470
江西	15798310	5396563	10401747
山东	26527539	16231442	10296097
河南	20863460	12128877	8734583
湖北	25731542	11234509	14497033
湖南	15467000	9350895	6116105
广东	86317381	53438321	32879060
广西	4709963	2207976	2501988
海南	1245259	416308	828952
重庆	10168999	3560257	6608742
四川	22805032	12478277	10326756
贵州	3660080	1127075	2533005
云南	8727933	4285165	4442768
西藏	82013	12090	69923
陕西	10899157	5914750	4984407
甘肃	2595289	836094	1759195
青海	606720	145741	460979
宁夏	465125	76046	389079
新疆	2269582	731996	1537586

4-52 各地区按资质等级划分的专业承包建筑业企业竣工产值

单位：万元

地 区	合计	一级	二级及以下
全国总计	**130243207**	**69933930**	**60309276**
北 京	8596630	6117165	2479465
天 津	3049023	1806640	1242383
河 北	2098292	726184	1372108
山 西	1386351	488406	897945
内蒙古	210633	14704	195929
辽 宁	2065537	757697	1307840
吉 林	1335918	526346	809571
黑龙江	336653	86176	250477
上 海	5320146	3593529	1726616
江 苏	29829215	18533507	11295707
浙 江	13488280	7169813	6318468
安 徽	5347794	3403251	1944544
福 建	4329795	2152621	2177174
江 西	2344854	807755	1537099
山 东	7593434	4391977	3201456
河 南	5705516	2948556	2756960
湖 北	7116452	1810411	5306042
湖 南	5448837	2516106	2932731
广 东	10993464	6803869	4189594
广 西	508367	193074	315292
海 南	189077	50606	138471
重 庆	2018180	606436	1411744
四 川	5215000	2411108	2803892
贵 州	624362	149743	474618
云 南	2042377	643629	1398748
西 藏	32323	6368	25955
陕 西	1564467	713951	850516
甘 肃	675965	295059	380907
青 海	134834	15550	119283
宁 夏	185566	16128	169438
新 疆	455869	177565	278304

4-53 各地区按资质等级划分的专业承包建筑业企业房屋施工面积

单位：万平方米

地区	合计	一级	二级及以下
全国总计	**51171**	**27295**	**23876**
北京	839	579	260
天津	910	42	869
河北	689	51	638
山西	608	276	332
内蒙古	38		38
辽宁	363	55	309
吉林	597	314	282
黑龙江	63	0	62
上海	549	456	93
江苏	3621	1169	2451
浙江	6843	4204	2639
安徽	10080	9035	1045
福建	1987	791	1196
江西	1192	141	1051
山东	4932	2934	1998
河南	1576	616	961
湖北	2738	459	2278
湖南	1947	930	1017
广东	6868	3419	3449
广西	288	188	100
海南	38		38
重庆	866	132	734
四川	1478	389	1089
贵州	311	195	117
云南	773	443	330
西藏	1		1
陕西	797	431	367
甘肃	53	26	27
青海	5		5
宁夏	6		6
新疆	113	20	93

4-54 各地区按资质等级划分的专业承包建筑业企业房屋竣工面积

单位：万平方米

地区	合计	一级	二级及以下
全国总计	**17596**	**7242**	**10354**
北京	175	90	85
天津	301	14	286
河北	261	13	248
山西	204	7	198
内蒙古	7		7
辽宁	112	14	99
吉林	145	49	96
黑龙江	27	0	27
上海	430	414	16
江苏	1028	276	752
浙江	2604	1415	1188
安徽	1362	879	482
福建	702	360	343
江西	596	71	525
山东	2124	1277	847
河南	892	340	552
湖北	1457	376	1081
湖南	1290	477	813
广东	1464	474	990
广西	70	38	32
海南	10		10
重庆	566	36	529
四川	967	347	620
贵州	72	38	34
云南	358	179	179
西藏	17	13	5
陕西	277	39	238
甘肃	17	2	15
青海	5		5
宁夏	4	0	4
新疆	54	6	49

4-55 各地区按资质等级划分的专业承包建筑业企业实收资本

单位：万元

地区	合计	一级	二级及以下
全国总计	**55846729**	**27280572**	**28566158**
北京	4111546	2685373	1426173
天津	2646121	1188611	1457511
河北	1075499	442436	633063
山西	1267056	403123	863933
内蒙古	159670	38508	121162
辽宁	2044609	786463	1258146
吉林	630411	187327	443084
黑龙江	359310	92313	266997
上海	2089886	1210247	879639
江苏	8116910	3320189	4796720
浙江	4455941	2439274	2016667
安徽	1441262	881049	560213
福建	2274593	1254976	1019617
江西	1083372	339434	743937
山东	3203725	1441266	1762460
河南	3454700	2027659	1427041
湖北	2106369	781693	1324676
湖南	1070928	630400	440528
广东	7087928	4260299	2827629
广西	383028	208869	174159
海南	113334	45787	67548
重庆	948015	462671	485344
四川	1573429	810506	762923
贵州	266966	55821	211145
云南	929679	438859	490820
西藏	17907	300	17607
陕西	1076254	550129	526125
甘肃	1391812	189127	1202685
青海	69801	7017	62783
宁夏	113544	31564	81981
新疆	283126	69284	213843

4-56 各地区按资质等级划分的专业承包建筑业企业资产

单位：万元

地　区	合计	一级	二级及以下
全国总计	**389660944**	**211102524**	**178558421**
北　京	28734357	19132520	9601837
天　津	17735827	9210643	8525184
河　北	7899114	2621865	5277249
山　西	6563280	2739458	3823822
内蒙古	1322084	452966	869118
辽　宁	11973230	4133238	7839992
吉　林	3983400	1395940	2587460
黑龙江	1815384	426399	1388985
上　海	16014614	10743343	5271271
江　苏	49659478	28567689	21091790
浙　江	30200022	17850047	12349976
安　徽	15958657	9320590	6638067
福　建	11518169	6036881	5481289
江　西	6369208	1839874	4529334
山　东	27752084	15209965	12542119
河　南	17266411	9645445	7620966
湖　北	15538608	7642018	7896589
湖　南	8850611	5329719	3520891
广　东	60233741	36831302	23402439
广　西	3186490	1463995	1722495
海　南	831195	207512	623683
重　庆	8338355	3507081	4831274
四　川	14600281	7079393	7520888
贵　州	3434216	583676	2850540
云　南	5940198	2843747	3096451
西　藏	104961	21249	83712
陕　西	8656158	4572567	4083591
甘　肃	2462285	931035	1531250
青　海	498662	125651	373011
宁　夏	462866	111748	351117
新　疆	1757001	524964	1232036

4-57 各地区按资质等级划分的专业承包建筑业企业所有者权益

单位：万元

地　区	合计	一级	二级及以下
全国总计	**119799972**	**64030406**	**55769566**
北　京	6667284	4704162	1963122
天　津	5877764	3915618	1962146
河　北	2393611	772124	1621487
山　西	2313509	927334	1386175
内蒙古	602679	291126	311553
辽　宁	4029128	1545750	2483378
吉　林	1337772	365107	972664
黑龙江	726804	178445	548359
上　海	4730259	2848191	1882068
江　苏	19834585	10678539	9156046
浙　江	8780828	5373711	3407117
安　徽	4323606	2536299	1787308
福　建	4676900	2520914	2155986
江　西	1971659	584254	1387405
山　东	7320472	3590196	3730275
河　南	7371622	4200683	3170940
湖　北	4576218	1936462	2639755
湖　南	2839507	1639272	1200235
广　东	15771200	9884316	5886883
广　西	673176	359661	313516
海　南	327188	96477	230711
重　庆	2411387	949099	1462288
四　川	4058497	1708085	2350412
贵　州	704914	108432	596481
云　南	1772405	841726	930678
西　藏	37875	7626	30249
陕　西	2070868	1007306	1063562
甘　肃	825314	280210	545103
青　海	131726	14003	117724
宁　夏	200029	51528	148501
新　疆	441190	113751	327439

4-58 各地区按资质等级划分的专业承包建筑业企业负债

单位：万元

地　区	合计	一级	二级及以下
全国总计	**269860973**	**147072118**	**122788855**
北　京	22067073	14428358	7638715
天　津	11858063	5295026	6563037
河　北	5505503	1849741	3655763
山　西	4249770	1812124	2437647
内蒙古	719405	161841	557564
辽　宁	7944103	2587489	5356614
吉　林	2645629	1030833	1614795
黑龙江	1088580	247954	840626
上　海	11284356	7895153	3389203
江　苏	29824893	17889150	11935743
浙　江	21419195	12476335	8942859
安　徽	11635051	6784292	4850759
福　建	6841270	3515967	3325303
江　西	4397549	1255620	3141929
山　东	20431612	11619769	8811843
河　南	9894789	5444763	4450026
湖　北	10962390	5705556	5256834
湖　南	6011104	3690448	2320657
广　东	44462541	26946986	17515556
广　西	2513313	1104334	1408979
海　南	504007	111035	392972
重　庆	5926968	2557982	3368985
四　川	10541784	5371309	5170476
贵　州	2729302	475244	2254058
云　南	4167794	2002021	2165772
西　藏	67086	13623	53463
陕　西	6585290	3565260	3020030
甘　肃	1636971	650825	986146
青　海	366936	111649	255287
宁　夏	262837	60220	202617
新　疆	1315811	411214	904597

4-59 各地区按资质等级划分的专业承包建筑业企业营业收入

单位：万元

地 区	合计	一级	二级及以下
全国总计	**315770156**	**168138283**	**147631873**
北 京	20334164	13348276	6985889
天 津	11748284	4679810	7068474
河 北	5071248	1874927	3196321
山 西	4091343	1468187	2623156
内蒙古	864222	204091	660131
辽 宁	6976312	2303338	4672975
吉 林	3440270	1041326	2398945
黑龙江	1547392	367419	1179973
上 海	13307775	8953675	4354100
江 苏	43078231	24417013	18661218
浙 江	28039451	16063905	11975547
安 徽	15513471	8965382	6548089
福 建	12382846	6166078	6216768
江 西	4926881	1765398	3161482
山 东	21144368	12280515	8863853
河 南	13834413	7579616	6254797
湖 北	13145486	6353247	6792239
湖 南	12095648	5565994	6529655
广 东	45902415	28190107	17712308
广 西	2144156	1059468	1084688
海 南	666483	185278	481204
重 庆	5919606	2102830	3816776
四 川	12289810	5859694	6430117
贵 州	1573729	387516	1186213
云 南	5166228	2365117	2801111
西 藏	82276	10990	71285
陕 西	6323574	3466880	2856694
甘 肃	1655800	536551	1119250
青 海	475689	92416	383273
宁 夏	364606	66437	298169
新 疆	1663981	416805	1247176

4-60 各地区按资质等级划分的专业承包建筑业企业利税总额

单位：万元

地　区	合计	一级	二级及以下
全国总计	**16494920**	**8252658**	**8242262**
北　京	667063	453615	213448
天　津	572043	287278	284766
河　北	225945	87083	138862
山　西	223491	93080	130411
内蒙古	51448	12573	38874
辽　宁	404064	161397	242668
吉　林	168325	50365	117960
黑龙江	60640	27635	33005
上　海	534801	327249	207552
江　苏	2900411	1516892	1383519
浙　江	1087254	686651	400602
安　徽	833007	454900	378108
福　建	679426	310246	369180
江　西	308580	55891	252690
山　东	1224062	663510	560553
河　南	1044947	517830	527117
湖　北	872444	390077	482367
湖　南	718649	335807	382842
广　东	1701527	960079	741448
广　西	101880	61238	40641
海　南	44409	7964	36445
重　庆	388907	90217	298690
四　川	723219	313709	409510
贵　州	66061	17263	48798
云　南	326889	151127	175762
西　藏	4505	173	4332
陕　西	336946	169414	167532
甘　肃	102101	27525	74575
青　海	25706	7491	18215
宁　夏	18359	3892	14467
新　疆	77814	10487	67327

4-61 各地区按资质等级划分的专业承包建筑业企业利润总额

单位：万元

地区	合计	一级	二级及以下
全国总计	**7979571**	**4037482**	**3942089**
北京	218643	142715	75929
天津	267397	198591	68806
河北	82456	32050	50406
山西	102426	48702	53724
内蒙古	22298	6024	16275
辽宁	186647	89740	96907
吉林	67433	13412	54021
黑龙江	18544	14967	3577
上海	197811	125416	72395
江苏	1771525	894249	877276
浙江	502171	368197	133975
安徽	431078	254682	176396
福建	320181	137881	182300
江西	154903	12025	142878
山东	636663	333834	302829
河南	544697	262304	282393
湖北	409357	182543	226814
湖南	325725	152512	173213
广东	589991	311692	278298
广西	42170	31219	10952
海南	19460	2351	17109
重庆	195606	31145	164461
四川	395904	181736	214168
贵州	18981	7459	11522
云南	160181	85485	74696
西藏	1995	-51	2046
陕西	187019	88231	98788
甘肃	54649	17182	37467
青海	10274	5414	4860
宁夏	7247	1234	6013
新疆	36141	4543	31598

4-62 各地区按资质等级划分的专业承包建筑业企业税金总额

单位：万元

地 区	合计	一级	二级及以下
全国总计	**8515348**	**4215176**	**4300172**
北 京	448420	310901	137519
天 津	304646	88686	215960
河 北	143489	55034	88456
山 西	121065	44377	76687
内蒙古	29149	6550	22600
辽 宁	217418	71657	145761
吉 林	100892	36953	63939
黑龙江	42096	12669	29428
上 海	336990	201833	135157
江 苏	1128886	622643	506243
浙 江	585082	318455	266628
安 徽	401929	200218	201712
福 建	359245	172365	186880
江 西	153678	43866	109812
山 东	587400	329676	257723
河 南	500250	255525	244724
湖 北	463087	207534	255553
湖 南	392924	183295	209629
广 东	1111536	648386	463150
广 西	59709	30020	29690
海 南	24949	5613	19336
重 庆	193301	59072	134228
四 川	327315	131974	195342
贵 州	47081	9804	37277
云 南	166708	65642	101065
西 藏	2510	224	2286
陕 西	149928	81183	68745
甘 肃	47452	10344	37108
青 海	15432	2077	13355
宁 夏	11112	2658	8454
新 疆	41673	5944	35729

4-63 各地区按资质等级划分的专业承包建筑业企业主营业务收入

单位：万元

地　区	合计	一级	二级及以下
全国总计	**301110053**	**164390195**	**136719859**
北　京	20162448	13238537	6923911
天　津	11506779	4651011	6855768
河　北	5022160	1863382	3158779
山　西	3752518	1450187	2302331
内蒙古	826753	201590	625163
辽　宁	6396323	2254006	4142317
吉　林	3172170	994626	2177544
黑龙江	1426356	346027	1080329
上　海	13030172	8873602	4156570
江　苏	41966807	24152993	17813814
浙　江	27662773	15910565	11752209
安　徽	15338820	8899581	6439240
福　建	11631395	5961676	5669720
江　西	4599132	1718942	2880190
山　东	19765023	11942536	7822487
河　南	13098253	7341656	5756598
湖　北	12983936	6326019	6657918
湖　南	9384798	5030667	4354131
广　东	43315656	27399707	15915950
广　西	2050954	1021419	1029534
海　南	632337	184948	447389
重　庆	5057783	1905514	3152269
四　川	11736478	5543117	6193361
贵　州	1368244	363097	1005148
云　南	5131696	2354612	2777083
西　藏	64281	10990	53291
陕　西	6196240	3446090	2750149
甘　肃	1503718	531167	972551
青　海	464141	88421	375720
宁　夏	357848	66080	291768
新　疆	1504063	317434	1186629

4-64 各地区按资质等级划分的专业承包建筑业企业管理费用

单位：万元

地区	合计	一级	二级及以下
全国总计	**17686317**	**7815680**	**9870637**
北京	1270700	700122	570578
天津	693452	165738	527714
河北	243995	88574	155420
山西	309080	93299	215782
内蒙古	88085	17646	70439
辽宁	616447	177503	438944
吉林	208594	59951	148643
黑龙江	119751	23827	95924
上海	918615	478184	440432
江苏	2203567	1054609	1148958
浙江	1524281	714247	810034
安徽	748173	375627	372545
福建	677198	302927	374270
江西	292228	125651	166578
山东	1209339	547788	661550
河南	750734	368236	382499
湖北	565847	261873	303974
湖南	488839	198109	290729
广东	2554277	1235230	1319047
广西	154559	63741	90818
海南	50232	13806	36426
重庆	363285	127688	235597
四川	589940	247262	342678
贵州	122328	21247	101081
云南	357996	136337	221659
西藏	6520	1285	5235
陕西	309010	150737	158273
甘肃	88730	25982	62748
青海	33460	3658	29802
宁夏	32833	7866	24967
新疆	94225	26932	67293

4-65 各地区按资质等级划分的专业承包建筑业企业财务费用

单位：万元

地区	合计	一级	二级及以下
全国总计	**1887847**	**963492**	**924355**
北京	69096	41412	27684
天津	60320	29971	30350
河北	37147	8380	28766
山西	25412	8218	17194
内蒙古	2067	662	1405
辽宁	20451	3651	16799
吉林	20759	7806	12952
黑龙江	7280	914	6365
上海	55777	28116	27661
江苏	313570	112963	200607
浙江	131924	76433	55491
安徽	78238	51167	27072
福建	71956	49114	22842
江西	64061	27395	36665
山东	137005	75391	61613
河南	80382	27039	53344
湖北	65902	41029	24872
湖南	46761	16511	30250
广东	398469	276943	121526
广西	9627	3850	5777
海南	3542	1648	1894
重庆	29334	14321	15013
四川	66698	23105	43592
贵州	19179	3316	15863
云南	22956	10087	12869
西藏	464	36	428
陕西	30227	15288	14939
甘肃	10408	6183	4225
青海	1369	170	1199
宁夏	1826	212	1614
新疆	5643	2159	3484

4-66 各地区按资质等级划分的专业承包建筑业企业应收工程款

单位：万元

地区	合计	一级	二级及以下
全国总计	**128784583**	**74253658**	**54530925**
北京	10030057	6599972	3430085
天津	5529394	2350997	3178398
河北	2320037	977503	1342534
山西	2012645	712895	1299750
内蒙古	371563	88373	283190
辽宁	3417539	1510753	1906785
吉林	1480028	482228	997800
黑龙江	527327	135799	391528
上海	5499134	3821043	1678090
江苏	16586016	9456286	7129730
浙江	8828537	5808712	3019825
安徽	5436728	3546389	1890339
福建	3967596	2215331	1752265
江西	1400830	547032	853798
山东	10637287	6398438	4238848
河南	6787394	4044851	2742543
湖北	5158482	2874775	2283707
湖南	2756692	1500631	1256061
广东	20313632	14036490	6277141
广西	786451	421673	364778
海南	284470	90715	193755
重庆	3031074	1286394	1744680
四川	3860065	1799209	2060857
贵州	792836	179589	613246
云南	2115160	1078879	1036281
西藏	29936	10769	19168
陕西	3039439	1741476	1297963
甘肃	834771	271313	563458
青海	197916	66064	131853
宁夏	170068	46955	123113
新疆	581480	152123	429357

五、各行业建筑业企业

5-1 各行业建筑业企业签订合同情况

单位：万元

行业	签订合同额	上年结转合同额	本年新签合同额
总计	**7287919324**	**3724428011**	**3563491314**
房屋建筑业	4123648970	2097224816	2026424155
土木工程建筑业	2653137204	1435637246	1217499958
铁路、道路、隧道和桥梁工程建筑	1855066091	1054269477	800796613
水利和水运工程建筑	290464923	157892902	132572021
海洋工程建筑	5414455	2689014	2725441
工矿工程建筑	84699535	30999420	53700115
架线和管道工程建筑	169210860	72245517	96965343
建筑安装业	265718391	100235692	165482699
建筑装饰、装修和其他建筑业	245414759	91330257	154084503

5-2 各行业建筑业企业承包工程完成情况

单位：万元

行业	直接从建设单位承揽工程完成的产值	自行完成施工产值	分包出去工程的产值	从建设单位以外承揽工程完成的产值
总计	**3007619739**	**2865061632**	**142558107**	**278873679**
房屋建筑业	1822028101	1757689241	64338860	117681449
土木工程建筑业	909302046	842530447	66771599	111551894
铁路、道路、隧道和桥梁工程建筑	613638759	570090799	43547960	86086117
水利和内河港口工程建筑	92337948	85373557	6964392	6512599
海洋工程建	2892811	1698247	1194565	305156
工矿工程建筑	37840448	35332102	2508347	1932571
架线和管道工程建筑	70734056	64092309	6641747	6907870
建筑安装业	138083970	131259933	6824038	22660422
建筑装饰、装修和其他建筑业	138205621	133582011	4623611	26979914

5-3 各行业建筑业总产值和竣工产值

单位：万元

行 业	建筑业总产值	#装饰装修产值	#在外省完成的产值
总 计	**3143935311**	**134711395**	**1052237054**
房屋建筑业	1875370690	58397265	566245106
土木工程建筑业	954082341	5516167	386037653
铁路、道路、隧道和桥梁工程建筑	656176915	3791850	271252351
水利和水运工程建筑	91886156	150329	38531889
海洋工程建筑	2003403	2585	529643
工矿工程建筑	37264672	180137	21217342
架线和管道工程建筑	71000179	381478	19317003
建筑安装业	153920355	2265506	55378186
建筑装饰、装修和其他建筑业	160561925	68532457	44576110

5-3 续表

单位：万元

行 业	按构成分组			竣工产值
	建筑工程产值	安装工程产值	其他产值	
总 计	**2787259803**	**264549353**	**92126156**	**1412901932**
房屋建筑业	1739289371	90347738	45733582	991305462
土木工程建筑业	849047184	73804693	31230464	284014789
铁路、道路、隧道和桥梁工程建筑	626517670	12754141	16905105	183288459
水利和水运工程建筑	85564825	2869799	3451531	22775533
海洋工程建筑	1054866	375563	572974	1793245
工矿工程建筑	25069634	9965041	2229997	12677323
架线和管道工程建筑	41036548	27131073	2832558	31148344
建筑安装业	61394785	85789897	6735673	71760473
建筑装饰、装修和其他建筑业	137528463	14607025	8426437	65821209

5-4 各行业建筑业企业房屋建筑面积

行业	房屋施工面积（万平方米）	#本年新开工	房屋竣工面积（万平方米）	房屋竣工率（%）
总计	**1530925**	**408330**	**393401**	**25.7**
房屋建筑业	1400595	367897	357441	25.5
土木工程建筑业	95761	26313	24197	25.3
铁路、道路、隧道和桥梁工程建筑	65166	18928	16005	24.6
水利和水运工程建筑	8352	2307	1917	23.0
海洋工程建筑	13	1	1	6.8
工矿工程建筑	2893	595	689	23.8
架线和管道工程建筑	1999	454	465	23.3
建筑安装业	18997	7150	6275	33.0
建筑装饰、装修和其他建筑业	15572	6970	5489	35.2

5-5 按主要用途分的各行业建筑业企业房屋竣工面积

单位：万平方米

行业	合计	住宅房屋	商业及服务用房屋	办公用房屋	科研、教育和医疗用房屋
总计	**393401**	**237623**	**26694**	**13965**	**19915**
房屋建筑业	357441	219968	23819	12792	17913
土木工程建筑业	24197	12387	1573	692	1508
铁路、道路、隧道和桥梁工程建筑	16005	7262	1150	482	1162
水利和水运工程建筑	1917	1098	122	60	79
海洋工程建筑	1				
工矿工程建筑	689	319	43	6	27
架线和管道工程建筑	465	118	43	33	71
建筑安装业	6275	2610	821	171	225
建筑装饰、装修和其他建筑业	5489	2659	481	309	269

5-5 续表

单位：万平方米

行业	文化、体育和娱乐用房屋	厂房及建筑物	仓库	其他未列明的房屋建筑物
总计	**4537**	**71705**	**3566**	**15396**
房屋建筑业	3957	63233	3291	12467
土木工程建筑业	350	5626	181	1878
铁路、道路、隧道和桥梁工程建筑	193	4306	85	1364
水利和水运工程建筑	112	276	14	156
海洋工程建筑		1		
工矿工程建筑		222	7	64
架线和管道工程建筑	3	93	28	77
建筑安装业	48	1713	51	636
建筑装饰、装修和其他建筑业	182	1132	42	415

5-6 按主要用途分的各行业建筑业企业房屋竣工价值

单位：万元

行业	合计	住宅房屋	商业及服务用房屋	办公用房屋	科研、教育和医疗用房屋
总计	**838881282**	**492937740**	**63413110**	**36484120**	**59454248**
房屋建筑业	771766123	460700724	57249768	33863931	53748338
土木工程建筑业	52354662	26162918	3789673	1607004	4678602
铁路、道路、隧道和桥梁工程建筑	37584329	17967132	2840224	1144192	3761525
水利和内河港口工程建筑	3670604	2029657	328681	205315	230724
海洋工程建筑	1479				
工矿工程建筑	1621405	721207	77926	6776	88283
架线和管道工程建筑	1071800	238219	108179	58174	220079
建筑安装业	9186641	3554134	1732197	613895	775746
建筑装饰、装修和其他建筑业	5573857	2519965	641472	399289	251562

5-6 续表

单位：万元

行业	文化、体育和娱乐用房屋	厂房及建筑物	仓库	其他未列明的房屋建筑物
总计	**14559522**	**133596282**	**6613860**	**31822400**
房屋建筑业	13184013	119751909	6087971	27179469
土木工程建筑业	970470	10564337	398841	4182817
铁路、道路、隧道和桥梁工程建筑	764120	7668465	231315	3207356
水利和内河港口工程建筑	85596	599485	64397	126749
海洋工程建筑		1479		
工矿工程建筑		575859	5323	146032
架线和管道工程建筑	958	164197	4224	277771
建筑安装业	177247	2042457	85001	205963
建筑装饰、装修和其他建筑业	227792	1237579	42048	254151

5-7 各行业建筑业企业主要生产效益指标

行业	建筑业企业个数（个）	从事建筑业活动的平均人数（人）	按总产值计算的劳动生产率（元/人）	人均竣工产值（元/人）	人均施工面积（平方米/人）	人均竣工面积（平方米/人）
总计	**159140**	**66105420**	**475594**	**213735**	**231.6**	**59.5**
房屋建筑业	76507	42510563	441154	233190	329.5	84.1
土木工程建筑业	44444	16243127	587376	174852	59.0	14.9
铁路、道路、隧道和桥梁工程建筑	27199	10900889	601948	168141	59.8	14.7
水利和水运工程建筑	3398	1495709	614332	152272	55.8	12.8
海洋工程建筑	55	15333	1306595	1169533	8.6	0.6
工矿工程建筑	1023	707829	526464	179101	40.9	9.7
架线和管道工程建筑	4792	1337336	530908	232913	14.9	3.5
建筑安装业	14987	3267230	471104	219637	58.1	19.2
建筑装饰、装修和其他建筑业	23202	4084500	393101	161149	38.1	13.4

5-8 各行业建筑业企业资产构成

单位：万元

行业	资产总计	#流动资产合计	#存货
总计	**3817408224**	**2980936341**	**321207478**
房屋建筑业	1863311762	1528245651	194945504
土木工程建筑业	1579374051	1133001896	92491731
铁路、道路、隧道和桥梁工程建筑	1044823124	757975709	60952369
水利和水运工程建筑	153984280	109377788	6101809
海洋工程建筑	6668089	3889882	159638
工矿工程建筑	54964395	44727638	2232048
架线和管道工程建筑	115679536	86842462	10480275
建筑安装业	181255707	153942870	16958399
建筑装饰、装修和其他建筑业	193466705	165745924	16811844

5-9 各行业建筑业企业固定资产情况

单位：万元

行业	固定资产原价	累计折旧	#本年折旧	在建工程
总计	**248479659**	**121347577**	**18212827**	**38621883**
房屋建筑业	97761961	44791414	7363476	19903708
土木工程建筑业	118441784	61003994	8253085	16129027
铁路、道路、隧道和桥梁工程建筑	68461386	36026238	5230249	11805824
水利和水运工程建筑	15494696	7686716	791536	1238546
海洋工程建筑	1797461	868153	97008	297943
工矿工程建筑	6771831	3788735	475264	173137
架线和管道工程建筑	14107151	7082194	851208	751477
建筑安装业	17342855	8411468	1255879	1238444
建筑装饰、装修和其他建筑业	14933059	7140701	1340387	1350705

5-10 各行业建筑业企业负债及所有者权益

单位：万元

行业	负债合计	#流动负债	#应付账款	所有者权益	#实收资本
总计	**2786050425**	**2371040467**	**1037688644**	**1031357798**	**433260405**
房屋建筑业	1364937761	1153639412	497271956	498374001	213125600
土木工程建筑业	1158083566	991685278	433998684	421290485	167970891
铁路、道路、隧道和桥梁工程建筑	782876651	667309842	287817619	261946473	107929421
水利和水运工程建筑	112035619	97569892	47638647	41948661	18083339
海洋工程建筑	3482450	3107289	1786676	3185639	954636
工矿工程建筑	40658692	36813901	15934497	14305703	7097970
架线和管道工程建筑	83227239	71207668	31604928	32452297	12817923
建筑安装业	125065910	110076065	54721364	56189796	24400863
建筑装饰、装修和其他建筑业	137963188	115639713	51696641	55503517	27763052

5-11 各行业建筑业企业收入情况

单位：万元

行业	主营业务收入	主营业务成本	主营业务税金及附加
总计	**2764691901**	**2511242389**	**11809620**
房屋建筑业	1533964142	1403200543	7624888
土木工程建筑业	919480342	830237912	3067359
铁路、道路、隧道和桥梁工程建筑	598070465	541830692	1864192
水利和水运工程建筑	88668088	80119925	325747
海洋工程建筑	3531624	3232594	10017
工矿工程建筑	41459330	37447293	147993
架线和管道工程建筑	82988077	73856284	325667
建筑安装业	161618500	144779146	554961
建筑装饰、装修和其他建筑业	149628917	133024789	562412

5-12 各行业建筑业企业费用情况

单位：万元

行业	管理费用	销售费用	研发费用	财务费用	#利息收入
总　计	**85690407**	**8060196**	**34787193**	**16103895**	**5816697**
房屋建筑业	39525363	3323531	15635298	8840173	2256422
土木工程建筑业	29408148	2134287	15495658	5656519	3228254
铁路、道路、隧道和桥梁工程建筑	15821293	1244914	10046089	3675038	2261630
水利和水运工程建筑	2793797	138697	1939245	398051	353392
海洋工程建筑	75993	7825	106383	22062	5018
工矿工程建筑	1592103	52899	684632	201769	114575
架线和管道工程建筑	4417636	298502	946034	348378	188687
建筑安装业	8423403	1004809	2069415	511732	213160
建筑装饰、装修和其他建筑业	8333494	1597569	1586822	1095471	118862

5-13 各行业建筑业企业利润及税金情况

单位：万元

行业	利润总额	#所得税费用	税金总额	主营业务税金及附加	应交增值税
总　计	**89022677**	**14277339**	**70188198**	**11809620**	**58378578**
房屋建筑业	47006235	7993276	41589367	7624888	33964479
土木工程建筑业	33854575	4800310	20313749	3067359	17246391
铁路、道路、隧道和桥梁工程建筑	22794522	3109269	12242765	1864192	10378574
水利和水运工程建筑	3040804	435205	2092057	325747	1766310
海洋工程建筑	165342	21076	61477	10017	51460
工矿工程建筑	1161212	211708	1208206	147993	1060213
架线和管道工程建筑	2484815	497432	2245671	325667	1920004
建筑安装业	4609065	844178	4233717	554961	3678756
建筑装饰、装修和其他建筑业	3552801	639575	4051364	562412	3488952

5-14 各行业总承包和专业承包企业应收工程款及企业亏损情况

行业	应收工程款（万元）	企业个数（个）	#亏损企业个数	亏损企业的比重（%）
总计	**832095994**	**159140**	**35247**	**22.1**
房屋建筑业	436576697	76507	15917	20.8
土木工程建筑业	276086295	44444	9792	22.0
铁路、道路、隧道和桥梁工程建筑	177285437	27199	6029	22.2
水利和水运工程建筑	27432876	3398	717	21.1
海洋工程建筑	1166055	55	12	21.8
工矿工程建筑	13907241	1023	185	18.1
架线和管道工程建筑	20332610	4792	993	20.7
建筑安装业	52204786	14987	3333	22.2
建筑装饰、装修和其他建筑业	67228216	23202	6205	26.7

5-15 各行业总承包和专业承包企业主要经济效益指标

行业	产值利润率（%）	资本利润率（%）	人均利润（元/人）	资产负债率（%）
总计	**2.8**	**20.5**	**13467**	**73.0**
房屋建筑业	2.5	22.1	11058	73.3
土木工程建筑业	3.5	20.2	20842	73.3
铁路、道路、隧道和桥梁工程建筑	3.5	21.1	20911	74.9
水利和水运工程建筑	3.3	16.8	20330	72.8
海洋工程建筑	8.3	17.3	107834	52.2
工矿工程建筑	3.1	16.4	16405	74.0
架线和管道工程建筑	3.5	19.4	18580	71.9
建筑安装业	3.0	18.9	14107	69.0
建筑装饰、装修和其他建筑业	2.2	12.8	8698	71.3